スクールリーダーの雑談術

職員室の風通しがよくなる
インフォーマル・コミュニケーション

瀧澤 真

明治図書

はじめに

多くの学校現場では、若手がどんどん増え、世代交代が進んでいます。

そのため、少し前までは「まだまだ若者」と見られていたのに、急にリーダーとしての活躍が期待されるポジションについてしまったという方も多いでしょう。

また、中堅層が少なく、若くして学年主任、教務主任、管理職になる方も多く、そういった場合、自分より年上の職員をまとめていかなければならないということも珍しくありません。

リーダーとして、責任ある立場になったときには、様々な力が求められます。職員の意欲を引き出すリーダーシップ、状況を的確に判断し決断する力、人材育成や危機管理を含むマネジメント能力などなど…。

その中でも、私が特に重要だと思うのが、コミュニケーション能力です。

仕事は一人で行うものではありません。職員が互いに協力し、同じ方向に向かってはじめて成果が現れます。リーダーがどんなにすばらしい決断をしたとしても、だれもついて来ないようでは、その決断は意味を成しません。

ですから、人といかにかかわっていくのかというコミュニケーション能力がリーダーには必須のものとなります。

しかし、先に述べたような世代交代の影響で、コミュニケーションにおける問題が各学校で見られるようになってきています。

若手教師とスクールリーダーに起こる世代間格差。

ベテラン教諭と若いスクールリーダーの軋轢。

どの世代ともうまくかかわれず、悩みを抱え込む職員の増加。

こうした問題にどのように対応していけばよいのでしょうか。

コミュニケーションを活発にしよう、という呼びかけだけでは解決しません。

人と人とがどうつながっていけばよいのか、それを具現化する取組が必要です。

その具体的取組の一つの答えが、本書で提案する**「雑談」の有効活用**です。

普段何気なくしている雑談。

この雑談をもっと目的をもって、戦略的に使っていくのです。

そうすることによって、職場の風通しがよくなり、世代間の格差が埋まり、コミュニケ

ーションが円滑に進むようになるのです。

また、昨今「働き方改革」が叫ばれていますが、問題は労働時間だけではないはずです。

労働時間は短いが、人間関係が冷め切った職場。

労働時間は長いが、人間関係が温かい職場。

どちらの職場の方がストレスが少ないでしょうか。どちらの職場で働きたいでしょうか。

これは極端な例ですが、労働時間だけ短くすればよいわけではないことは、みなさんもよくおわかりのことでしょう。

時間だけの働き方改革から、実の伴った改革へ。

雑談はそのための重要な手段にもなります。

ぜひとも本書で「雑談」についてもう一度見つめ直し、リーダーとしてよりよい職場づくりに生かしていただければ幸いです。

2019年1月

瀧澤　真

もくじ

第3章 雑談術の鍛え方

第4章 こんなネタで雑談しよう

第5章 職場を活性化させる雑談術

第6章 どの世代ともうまくいく雑談術

第7章 苦手な人との雑談術

第1章

今、なぜ雑談が必要なのか

大切なのはフォーマル？インフォーマル？

フォーマルとインフォーマルのコミュニケーション

「フォーマルウェア」という言葉があるように、「フォーマル」とは、「正式な」という意味です。

仕事というのは当然、フォーマルな場面であると言えます。ですから、会議や打ち合せ、報告など、仕事上で必須となるコミュニケーションのことを、**「フォーマル・コミュニケーション」**と言います。

一方で、職場で交わされるコミュニケーションにはフォーマルではないものもあります。ちょっとした相談やアドバイス、世間話など、様々な場面で人はコミュニケーションをとります。

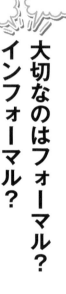

こうしたコミュニケーションを、「インフォーマル・コミュニケーション」と言います。

本書で言う、「雑談」とは、

職場における「インフォーマル・コミュニケーション」

のことです。友人とのプライベートな雑談とは、多少意味合いが違っています。

さて、では「フォーマル」と「インフォーマル」、どちらのコミュニケーションが大切なのでしょうか。

いわゆる話し方の本を読むと、

- **結論から述べる**
- **データを示す**
- **一文を短くする**

など、「フォーマル」な場面での技術が多く書かれています。

もちろん、そうした技術も大切です。

ですが、思い出してみてください。

職場で同僚と話す時間は、どちらの方が多いでしょうか。

フォーマルな会話ですか。インフォーマルな会話ですか。

おそらくインフォーマルな会話の方が多いのではないでしょうか。

また、フォーマルな会話しかしない相手、インフォーマルな会話をよくする相手、どちらとのコミュニケーションがうまくいっていると思いますか。

インフォーマルなコミュニケーションによって、人間関係が円滑になっていることは自明ですね。

ですから、**インフォーマルなコミュニケーションについて、もっと自覚的に学ぶべき**だと私は思うのです。

人は正論では動かない

例えば、よくありがちなのが、リーダーになったとたんに、正論を振りかざし、高圧的に指示してくる人です。

データを示しているし、言っていることは間違っていない。

伝え方も正確。

フォーマル・コミュニケーションとしては問題ないかもしれません。

しかし、それだけで相手は進んで行動するようになるでしょうか。

いくらフォーマル・コミュニケーションの技術を磨いても、その土台となるインフォーマル・コミュニケーションができていないと、

「**人は相手のことを受け入れないものです。**」

要は、**二つのバランス**が大切なのです。

人は理と情のどちらを優先するのか

「何を言うかではない。誰が言うかだ」

教師なら、この言葉の意味を実感する場面を、何度も経験しているはずです。

同じことを言っても、Ａ先生の場合は子どもたちが真剣に話を聞くのに、Ｂ先生が言うとそうでもない。

これは、**人が理屈よりも「好き」や「嫌い」などの情を優先するから**です。

では、こうした情は、どうやって生まれるのでしょうか。

人間性と言ってしまえばそれまでですが、多くの場合、普段の何気ない行動や雑談の中で判断されているものです。

例えば、朝、子どもがあいさつをしてきたときに、

「ああ」

としか言わない先生と、

「おはよう！」

と元気にあいさつを返して、さらに、

「おっ、サッカー日本代表のTシャツだね。どの選手が好きなの？」

など、着ている服についての雑談をしてくる先生、どちらに親しみをもつでしょうか。

授業も同様です。大人と学生時代の先生の思い出話をすると、多くの人が、授業内容よりも先生の雑談が好きだったということを言います（本当は授業が好きだったと言ってほしいのですが…）。

職場の人間関係についても同じようなことが言えます。

私たちは、

普段の雑談を通して「この人はどんな人なのだろう」とその人を判断しています。

逆に言えば、**雑談をうまく利用することで、職場の人間関係を円滑にし、スクールリーダーとしてのあなたの仕事がスムーズに進むようになる**のです。

雑談の効果

職場での雑談には、どんな効果があるでしょうか。

ひと言で表現すると、**「雰囲気がよくなる」**ということです。

では、雰囲気がよいとはどういうことか。もう少し細かく考えていきましょう。

まず、**職場が明るくなります**。これは当然ですよね。だれもがムダ口をきかずに黙々と仕事をする職場。それは効率的な職場かもしれませんが、楽しそうではありません。やっぱり和気藹々と、みんなが気楽におしゃべりできるような職場の方が明るく、元気です。

次に、**職場の人間関係が良好になります**。雑談によってお互いに理解を深めるのですから、これも当然と言えば当然ですね。みんながよく話す学級は、人間関係が良好なものです。それと同じです。

また、関係が良好になることで、**本音や弱音を言いやすくなります**。これはとても大切なことです。特に、弱音を吐けずにがんばりすぎてしまい、結果として療養休暇に入ってしまう人が増えています。リーダーとしては、そうした人を出さないためにも、雑談を有効活用していきましょう。

さらに、**チームとして協力して仕事をしやすくなります**。人間関係が良好だからというだけでなく、雑談によって互いのことをよく理解していれば、弱点を補い合うことができるのです。その結果、**仕事の効率が上がります**。いろいろな話を気軽にする中で、多くの**アイデアが生まれる**こともあります。

ここまでのことをまとめてみましょう。

・明るい職場になる
・人間関係が良好になる
・本音や弱音を言いやすくなる
・チームとして協力して仕事をしやすくなる
・仕事の効率が上がる
・アイデアが生まれる

こんなにたくさんのメリットがあるのですから、ぜひとも職場で雑談を効果的に取り入れていきましょう。

次に、あなたがリーダーとして職員と雑談することで、どんなメリットが得られるのかを考えていきましょう。

まず、雑談によってあなたと職員は**互いが理解し合い、打ち解けることができます。**

その過程であなたという人間を知ってもらい、それにより**信頼を得る**こともできます。

そうすれば、様々な場面で、職員の**協力が得られる**ようになります。

また、信頼されていれば、**様々な情報が耳に入ってくる**ようになります。

さらに、一人ひとりの得意不得意などを知ることで、だれにどんな仕事を任せるのかを考えやすくなり、**適材適所の人材活用ができる**ようになります。

ここまでのメリットもまとめてみましょう。

・相互理解が進み、打ち解ける

・信頼され、協力を得やすくなる

・情報が入りやすくなる
・適材適所の人材が活用できるようになる

このように、雑談は組織全体だけでなく、

「あなたがリーダーとして仕事をするうえでも欠かせないものなのです。」

今こそ職員室に雑談が求められている

「はじめに」にも書きましたが、全国の多くの学校で若手職員が急増しています。

また、若くしてスクールリーダーになり、先輩にあれこれと指示しなければならない立場になった方もいます。

そんな人間関係の中で、リーダーとして職場を活性化させ、充実した仕事をしていくには、**雑談の有効活用が欠かせません。**その効果は前項で述べた通りです。


「うちの職場はみんなよく雑談しているよ」

そう思う方もいるかもしれません。

確かに教師は話すことが仕事の中核を占めるために、話し好きの方が少なくありません。

ですが、若手と若手など、近い関係の人だけで雑談していないでしょうか。

また、あなたは、雑談に何か効果を感じていますか。

ただ雑談をすればよいのではなく、**職場を活性化させる雑談が求められている**のです。


雑談が求められる背景はそれだけではありません。

学校の課題は多様化・複雑化しています。

教師が一人で取り組むだけでは、解決できない課題が増えているのです。

そこで**チームとして、課題解決にあたっていくこと**が求められています。

そのチームには、様々な立場の教師はもちろん、養護教諭やスクールカウンセラーなど子どもにかかわる多くの人を入れていく必要があります。

そんないろいろな人がいるチームが機能していくために大切なのが、**それぞれのメンバーの強みと弱みがわかっていること**です。


Ａ先生は、国語の指導が得意。また元気な男の子への生徒指導も上手。

Ｂ先生は、音楽が得意で、女の子から人気がある。

Ｃ養護教諭は、子どもに寄り添って話を聞くことができる。

こんなことも、雑談を通してわかってくるのです。

例えば、雑談していると、その先生は男の子を指導した話が多いとか、国語の研究会で熱心に学んでいるようだ、といったことがわかってきます。そうした情報の蓄積がされてくると、今回の問題への対応はだれを中心にするべきか決める際の参考になります。

普段から雑談を交わし、仲がよくなる。

それも大切なのですが、互いの強み弱みを知るという部分がチームを機能させるうえでは重要なのです。

つまり、

多様な年齢構成への対応
様々な問題への対応

こうしたことへの有効な手立て、それが雑談なのです。

第2章

雑談術の基礎・基本

目的を意識する

第1章で雑談の効果について述べました。

しかし**単に雑談するだけでは、そうした効果は十分には得られません。**

例えば、サッカーの練習で考えてみましょう。

何も考えずに、ボールをひたすら蹴るだけでも、それなりに上達はするでしょう。特に慣れないうちは、まずは量をこなすことが大切です。

しかし、いつまでもそれだけでは行き詰まります。

ある程度慣れてきたら、今日は低くボールを蹴るようにしよう、今日は遠くまで届くようにしようなど、**目的をもって取り組むことで、上達の速度や練習の効果が違ってきます。**

雑談も同じで、量をこなすことは確かに重要な要素です。ですが、雑談さえしていればそれで自然に様々な効果が得られるわけではないのです。

今日は相手のことをもっと知るために雑談をしよう。

そういう目的ならば、相手にたっぷりと語ってもらわねばなりません。

逆に、自分に親しみをもってもらおうという目的がメインならば、失敗談を披露するような雑談をすることになります。

目的によって話題や、かかわり方を変えていく必要があるのです。

では、雑談にはどのような目的があるのでしょうか。

「
・**時間をつぶす。**
・**その場を盛り上げ、気分転換する。**
・**相互に理解し合う（相手を知る。自分を知ってもらう）。**
・**情報を収集する。**
・**信頼を得る。**
・**育てる。**
・**アイデアを出したり、整理したりする。**
」

ざっとあげると、この7点になります。それぞれについて説明していきましょう。

時間をつぶす

会議が始まるまでの待ち時間などに交わす雑談です。またなんの目的もない雑談もここに入れてよいでしょう。

教師は商売柄話が得意な人が多いですから、よく雑談しています。ですが、多くの場合、時間をつぶすというレベルで終わっています。もちろん、その結果、ストレスが解消したり、緊張感が和らいだりするということもあるので、こうした雑談がいけないというわけではありません。

その場を盛り上げ、気分転換する

時間つぶしの雑談にもこうした面がありますが、もっと積極的に、場を盛り上げるという目的をもって雑談することで、明るい雰囲気の職場をつくっていくことができます。シビアな雑談だってあるわけですから、**何を中心話題にするのかというのも目的によって変わってくる**のです。

相互に理解し合う

スクールリーダーとして、まず心がけたい目的がこれです。

お互いを知ることで、**人間関係が深まり協力体制が取りやすくなります。**

また相手のキャラクターを知ることで、仕事の割り振りを考えていくこともできます。

家庭の事情なども仕事に影響することがあります。そうした情報をつかむことも大切です。

一方、自分のことを理解してもらうことも、リーダーとしての仕事を進めるうえで重要になってきます。

情報を収集する

生徒指導上の問題が、すべてリーダーに上がってきているとは限りません。

子ども同士のちょっとしたトラブル、担任としての悩みなどを雑談をする中で、キャッチすることができます。

また、職場の人間関係等の情報も、雑談の中で見えてくることがあります。

信頼を得る

雑談によって信頼を得ることもできます。そのためには、**「あなたのことを大切に考えていますよ」というメッセージを雑談に含めていく**のです。

ただし、信頼というのは、話した内容よりも日々の対応の方が重要です。ですから、日頃からよく声をかける、相談事には親身になって対応する、言行を一致させるなどの積み重ねを大切にしましょう。

育てる

部下や後輩を育てるという目的で雑談をするときもあります。自分自身のことを振り返ってみても、学年会や校外での懇親会での雑談が、その後の仕事で大いに役立ったということが何度もあります。

アイデアを出したり、整理したりする

頭で考えているだけでは、なかなかアイデアが浮かばないものです。そこで、思いついたことをどんどん出し合うような雑談を取り入れると、職場が活性化していきます。

また、いろいろなアイデアを、どれがいいのか、問題はないかなどの観点から整理していく際にも、雑談が有効です。

こうしたアイデアにかかわることは、リラックスしたムードで行う方が効果的なのです。堅苦しい会議や研修ではなく、雑談中心の会を演出しましょう。

実際に雑談をする際には、ここにあげた目的がいくつも混在することが多いでしょう。ですが、

「今回は情報収集しよう」

などと目的をもっていないと、単に時間をつぶしただけで終わってしまうことになります。

ぜひ、**「今回はこの目的で」と明確に決めて雑談を仕組む**ようにしていきましょう。雑談の効果が何倍にもなるはずです。

「オチ」はいらない

「何を話したらいいかわからないから、雑談は苦手だ」という人がいます。

そういう人の中には、「すべらない話」のように、みんなが笑うような「オチ」を話につけなければいけないと思っている人もいるようです。

雑談は、もっと気楽な、いい加減なものだと捉えた方がうまくいきます。

「オチ」なんかいらないのです。

そんなことを考えていたら、話ができなくなってしまいます。

まとめも不要です。下手にまとめると、興ざめしてしまう場合もあります。

何年か前に、「教育と笑いの会」というイベントで、漫才を披露したことがあります。

教え子にまつわる、とりとめもない話をしたのですが、最後に、

「このように教師をやっていると、いろいろな子どもたちと出会いますね。だからこの

仕事が好きなんです」

といった言葉でまとめました。

するると、あとの懇親会で、

「あのまとめが余計だった。あれでつまらなくなった」

というご指摘を参観者からいただきました。さらに、

「教師の悪いクセですね。やたらとまとめたがる」

とも言われました。

確かに、教師の性でしょうか、教訓を入れたり、話をまとめたりしたがる先生方も多いですね。

でも、**まとめるとそれで雑談は終わってしまいます**。

まとめずに、次の話題に入っていく。

雑談はそれでいいのだと思うと、もっと楽しめるようになります。

聞くこと中心で

「おしゃべりな人＝雑談が上手な人」というわけではありません。

確かに、おしゃべりな人がいると楽しく会話している雰囲気にはなります。ですが、先に述べた目的を達成できているでしょうか。

「時間つぶし」や「気分転換」という目的は達成できそうです。ですが、他の目的は、相手の話を聞かないと達成できないのです。そしてむしろ、そちらの目的の方が職場の活性化としては重要なのです。

ですから、状況にもよりますが、**相手が7割、自分が3割くらい話すと心がけておくとよい**でしょう。

そのためには、まずは相手の話を興味をもって聞くことから始めましょう。雑談にありがちなのが、相手の話がひと区切り着いた瞬間、すぐに自分のことを話し始めるという展開です。相手の話が終わるのを待っているだけ、内容は聞いていないのではないかと思ってしまいます。まずは、相手の話に集中することです。

相手の話に集中するには、よく言われることではありますが、こんなことを意識してみましょう。

相手を見る

視線を合わせると集中して聞けます。目を合わせるのに抵抗があるならば、額あたりでかまいません。このことは話し手にとっても重要で、よそ見をされていると、とても話しにくいものです。

同調する

相手に合わせるということです。テンションや声量、声の高低、話す速さ、ボディランゲージなどです。

相手のテンションが高いならば、こちらもある程度高いテンションで聞きます。小さい声ならば、こちらの声も小さくします。

相づち

うなずいたり、「なるほど！」などと合いの手を入れたりします。話に合わせて、適切な反応をしようと思うと、集中して聞くことができます。

相づちとしては「さしすせそ」が有名ですね。

さ　さすがだね
し　知らなかったよ
す　すごい！　素敵だね！
せ　センスがいいね！　誠実だね〜
そ　それいいね！　そうか！

暗記して使うようなものではないので、こんなふうに言えばいいという、参考程度にしておきましょう。実際の会話では、素直に反応すればいいのです。ただし、「！」という部分だけは真似しましょう。**感情を込めて反応することが大切**だからです。

なお、ここで示した聞き方は、ぜひとも教室で子どもたちにも教えていただければと思います。

具体的なやり方は次の通りです。

はじめに二人組をつくり、一人が話し手、もう一人が聞き手になります。

話し手は自分の好きな話題で1分間話します。その時、聞き手は一切反応してはいけません。これは**非常に話しにくいし、逆に集中して聞くこともできません**。

つぎに、この項で伝えた、同調や相づちなどを入れて再度同じ話をさせます。すると、とても話しやすく、また聞き手にとっても話の内容が頭に入りやすいことが実感できます。

今度は話し手、聞き手を交代して同様に行います。

こうした取組をときどき行うことで、話を聞くことが上手な子が育っていきますし、教えることで指導者自身もこのことが、より深く身についていきます。まさに一石二鳥の方法です。

相手の言うことを否定しない

相手を否定しない

雑談はコミュニケーションであり、互いに仲良くなったり、相互理解を深めたりするために行います。それなのに、**自分の価値観を押しつける雑談**になってしまっていないでしょうか。

相手が先輩や管理職ならば、そうしたことにはなりにくいでしょう。ですが、若手や部下などに対しては、相手の話を否定しがちです。それは雑談には禁物です。

例えば、

「昨日、指導書を参考にして詩の発問をしたら、授業が盛り上がりました」

と若手が話しかけてきたとします。そのときに、

「指導書はできるだけ見ないで、自分で考えた方がいいね」

「授業は盛り上がるかどうかではなく、学力がついたかどうかが大事なんだよ」

と返したら、若手はどう思うでしょうか。

あなたは、親切心で、優しくアドバイスをしたつもりです。

ですが、若手にしてみれば、せっかく授業がうまくいってうれしい気分で話しかけたのに、それをすぐに否定されてしまったのです。「この人にはあまり本音は言えないな…」と思うでしょう。

そして、こうした小さなことの積み重ねで、あなたには、「煙たい人」というイメージが定着していきます。

たしかに、

「いきなり指導書は見ない」

「学力の定着が重要」

は正論かもしれません。

ですが、雑談では**正論を押し通して、相手の言うことを否定してはいけません。**

指導もしない

さらによくないのは、「指導」してしまうことです。

「いいかい、まずはどんな発問をしたらいいのか、自分でいくつも考えるんだよ。そして、もうこれ以上は考えられないという段階まで来たら、そこではじめて指導書を見るんだよ」

若手を育てようと、具体的に教材研究の方法を教えてあげたわけです。

ですが、相手が話しかけてきたのは、「盛り上がった」ということを伝え、その喜びを分かち合いたかったからです。

それなのに指導されてしまったら、実にいやな気持ちになるでしょう。

これが、

「詩の指導方法を教えてください」

と頼まれたなら話は別です。

頼まれてもいないのに指導してしまう。教師にありがちな失敗ですので、気をつけたいものです。

雑談では、

「そうだね」

「いいね！」

と、まずは全面的に相手の言うことを受け入れるのが基本です。

今回の例で言えば、

「それで、どんな発問をしたの？」

「じゃあ、子どもたちも喜んだでしょう。どんな反応だった？」

など、相手の話したい方向へ質問していくとよかったのです。

どうしても指導したかったら、そうやって十分に気持ちを共有した後で、

「それだけよい授業ができたなら、今度は自分で発問を考えてみたらいいんじゃない」

とアドバイスすると相手も受け入れやすくなります。

サッと切り上げる

もしあなたが管理職で、たいした用事もないのに職員に話しかけ、それが何分も続いたら、相手は、

「仕事がたくさん残っているから、早く話が終わらないかな…」

と思っている可能性が高いでしょう。

ましてや、「働き方改革」ということで、

「できるだけ残業をしないで早く帰りましょう」

と言っているリーダーが仕事を止めさせているようでは、本末転倒です。

先に書いたように、**雑談には目的、戦略が必要**です。

ある程度長い時間かけて話し合う必要があるならば、職員室を回るついでではなく、別の時間と場所を用意すべきです。

雑談ではなく、面談という形になる場合もあるでしょう。

放課後のちょっとしたコミュニケーションとしての雑談ならば、そんなに長い時間は必要ありません。

その場の状況を見極め、**ほどよいところでサッと切り上げることが大切**なのです。

そうすれば、相手もよい気分で雑談を終えることができるでしょう。

そのためにも、**相手の反応をよく見ておきましょう**。

話を切り上げたがっている相手は、次第に反応が乏しくなっていくものだからです。そうした空気を察知するようにしましょう。

相手の反応がよい場合でも、そこそこで話を切り上げて、仕事に向かわせることが必要です。

では、どうやって話を切り上げるとよいのでしょうか。

話していると、必ずちょっとした間ができるときがあります。そのときに、**合図となるようなフレーズを決めておく**と、自然な感じで雑談を終えることができます。

例えば、

「なるほどね。じゃあ、がんばって」

「そうかぁ。邪魔したね」

「よし、仕事するか！」

など自分が言いやすいフレーズを考えておきましょう。


リーダーが勝手に好き放題にしゃべって、行ってしまった。

そういう悪い印象を与えないように、自然に切り上げるようにしたいものです。

第3章

雑談術の鍛え方

質問の仕方を使い分ける

雑談しようにも、話題が思い浮かばない。

そんなときには、**相手にどんどん話をしてもらいましょう**。前章でも述べましたが、雑談は聞くこと中心でよいのです。

その際、相手が話し好きならば、うなずくなど適度なリアクションをとっておけばよいのですが、そうではない場合は、話が途切れがちです。

そんな相手には、**こちらから積極的に質問していくようにしましょう**。

もちろん、適当に質問しては話が続きません。そこで、質問の種類を意識し、話を広げたり掘り下げたりするのです。

ざっくり分けると、質問には、**「オープンクエスチョン」**と**「クローズドクエスチョン」**があります。

「オープンクエスチョン」で話を広げる

「オープンクエスチョン」とは、どのような答え方もできるような質問です。

最近何かおもしろいことがありましたか？
休みの日にはどんなことをしているのですか？

このような聞き方のことです。

授業で言えば、詩を読んだときに、

「どんな景色が見えますか？　見えるものすべてあげてください」

とイメージを膨らませていく拡散的発問のようなものです。

このようにして、**話を広げていきます**。

「クローズドクエスチョン」で話を絞る

「クローズドクエスチョン」とは、答えが限定される、次のような質問です。

麺類とご飯類だったら、どちらが好きですか？

「オープンクエスチョン」の場合、口の重い人だと、「うーん…」と固まってしまう場合がありますが、これなら**二者択一なので、随分答えやすい**と言えます。

「オープン」と「クローズド」を組み合わせる

この二つの質問を組み合わせることもできます。

先の授業例で言えば、「オープンクエスチョン」でいろいろな景色をあげさせた後で、「では最も大切なのは、月ですか？　それとも花ですか？」と絞って収束させていくような流れです。

また、「休みの日に何をしているか」という質問に、

「休みの日には、掃除したり料理したりしています」

という答えが返ってきたら、

「料理と掃除、どっちが好きですか？」

と聞くのです。そこで再び「オープンクエスチョン」に戻り、

「どんな料理が得意ですか？」

とつなげていきます。

こうやって、**「オープン」「クローズド」を組み合わせていくことで、どんどん相手に話をさせることができます。**

厳密に言うと、「オープンクエスチョン」と「クローズドクエスチョン」の中間に位置するような聞き方も、数多くあります。ですが、細かに分類しすぎると、実際には使えなくなってしまいます。

話題を広げるのが「オープンクエスチョン」、話題を絞るのが「クローズドクエスチョン」程度に押さえておきましょう。

ほめるだけでも雑談になる

変化をほめる

雑談のきっかけがつかめずに困る場合は、相手をほめることを心がけましょう。話のきっかけになるだけでなく、それによって**相手をやる気にさせることもできます**。

では、どうやってほめるためのネタを見つけたらよいでしょうか。

いろいろなことに前向きに取り組み、ほめるのに困らない職員もいます。そういう相手には、思ったままを口に出せばよいので、難しくはありませんね。

ですが、ほめるところがなかなか思い浮かばないという職員もいるでしょう。そうした職員のことは、他の人よりも注意して観察する必要があります。その際、**他のだれかとの比較ではなく、その職員自身の変化に注目する**とほめるネタを見つけやすくなります。

もちろん、それほど大げさなことではなく、「いつもより…」といった程度のわずかな変化でかまいません。

いつもより早く出勤して、授業の準備をしている。
いつもより書類の提出が早かった。
いつもより元気がよい。

このように、見つけようと思えば結構あるものです。

それでも見つからない場合は、**リフレーミング（枠組みを変えること）**が有効です。

ルーズである。
元気がない。
辛辣である。
例えば、こんなマイナス面も、見方を変えればプラスになります。

**「ルーズである…大らか、細かいことにこだわらない
元気がない……物静か、おしとやか」**

辛辣である……裏表がない

通知表の所見文を書くときによく言われることなので、おなじみの方も多いでしょう。子どものよさを見つけることも、職員のよさを見つけることも同じなのです。

相手によってほめ方を変える

一般論ではありますが、男性職員は**人前でほめた方がやる気が高まる**ようです。

「A先生、今日の社会科の授業、すごく工夫していてよかったよ」

とほめるときも、学年の職員が集まっているときに声をかけた方が効果的です。

また、優秀さをほめた方がよいとも言われます。ですから、

「できるね！」

「さすがだね！」

などの言葉を添えましょう。

一方で、女性職員の場合は、**みんなの前で大げさにほめるのは避けた方がよい**でしょう。

例えば、廊下ですれちがったときなどに、

「Ｂ先生、玄関に花を飾ってくれたんですね。先生の心遣い、本当にありがたいです」

と個人的に伝えます。

その際、優秀であるという伝え方ではなく、「私がうれしい」というように、いわゆる**Ｉメッセージで伝えると効果的**です。


もちろん、必ず男女でほめ方を分けるというわけでなく、その職員のキャラクターもあるので、**その場その場で臨機応変に考えて使い分ける**ことが大切です。

また、あまりほめすぎない方がよい職員もいます。

なんでもそつなくこなすタイプは、少し高い課題を与え、

「あなたならもっとできるはず」

と激励した方が育ちます。

もちろん、そういう職員も、時にはほめてねぎらうことが必要です。

場数を踏む

話しやすい人から広げる

もしあなたが雑談が苦手だという場合は、目的などはあまり考えず、とにかく場数を踏むことが大切です。

作文で考えてみるとわかりやすいのですが、まずは書き慣れるということを目標に指導を始めるのではないでしょうか。最初から質を求めたりはしませんよね。どんどん書かせて、書き慣れたころに、少しずつ技術的なことも教えていきます。

雑談も同じように、**まずは慣れること**。それから技術を磨いていきましょう。

では、どうやって場数を踏んでいったらよいのでしょうか。

作文の場合、書きたくなるような題材で、楽しく取り組ませるのがコツです。雑談も同様に、気軽に話しかけられる人との雑談を楽しむことから始めましょう。

とは言っても、そういう人とはすでによく話をしているでしょう。

そこで、**普段はあまり話をしない人の中で、比較的話しかけやすい人と雑談するようにします。**

それができたら、その次に話しかけやすい人と雑談するなど、次第にハードルを上げていきます。目的は、場数を踏むことですから、短時間でもよいので、なんらかのやりとりができればよしとします。

学校外でも雑談を楽しむ

学校内だけでは量がこなせません。

職場を離れたところでも、どんどん雑談していきましょう。

例えば、近所の人に会ったら、あいさつがてら少しだけ話をするとよいでしょう。私の場合は、宅配便の方や新聞の集金に来た方と雑談することがあります。

単に、

「お疲れ様です」

と言って終わるのではなく、

「寒い中大変ですね」

「忙しそうですね」

などと話をふれば、なんらかのリアクションが返ってくるものです。

もちろん相手は仕事中ですから、長話は禁物です。ですが、ほんのひと言交わすだけでも、何度か雑談するうちに親近感を覚え、気楽に話ができるようになります。

街でお店のチラシをもらったら、そのお店について聞いてみるのもよい練習になります。

「どこにあるんですか?」

「いつからやっているんですか?」

などと話しかけてみましょう。こう質問していやな顔をする人などいません。

レストランに行ったら、まずは、

「おすすめはなんですか?」

と聞いてみましょう。また帰りには、

「おいしかったです。また来ますね」
と声をかけます。

見知らぬ人との雑談は、比較的女性が得意な傾向にありますが、男性には苦手意識がある人も多いですね。**変なプライドが邪魔をする**のです。実は、私自身も管理職になるまでは、こういう雑談は苦手でした。

ですが、教頭という職は外部とのかかわりが非常に多く、苦手などとは言っていられません。そこで、積極的にいろいろな人と雑談するようになったのです。

場数を踏んだ結果、今では、見知らぬ人と雑談することが楽しみになりました。

見知らぬ人と雑談できるようになれば、職場で雑談することは、非常に簡単なことになります。

話し上手な人から学ぶ

モデルを見つけよう

国語で、「話すこと」や「書くこと」の学習をする場合は、そのやり方を言葉で説明するよりも、手本（モデル）を見せる方が有効です。

スピーチなら、教師が実際に話をしてみせる。

物語文を書かせるなら、教師が実際にモデルとなるようなものを書き、それを読ませる。

その方が、子どもたちは具体的なイメージをもつことができます。

雑談も言語活動の一種ですから、この考えが生かせます。

雑談上手な人をモデルとするのです。

職場に、この人は話がうまいなぁという人はいませんか。

物事の描写力が高く、場面の様子がよくわかるような話をする人。

元気があり、とにかくテンション高く話す人。

身振り手振りが魅力的な人。

うまいかどうかの判断は、要するに**自分がいいなと思うかどうか**です。おもしろいけど、とても真似はできない（真似したくない）というようでは、モデルになりません。

真似したいなと思うようなモデルが見つかったら、その人をよく観察し、自分が雑談する際に、その人の話し方をどんどん取り入れていくようにしましょう。

モデルをテレビで探す

自分の身の回りには、モデルになりそうな話上手がいない。

そんなときには、テレビを活用するようにしましょう。

残念ながら、番組は終了してしまいましたが、平日の昼にやっていた「笑っていいとも」でタモリさんがゲストとしていた雑談は実に勉強になりました。とにかくタモリさんは聞き上手なのです。しかも、**日常的な会話から、それを掘り下げていくのがうまい。**

「休みの日、何してるの?」

と話題を振り、相手にどんどんしゃべらせる。

そして、その話題に関する自分の体験を、非常におもしろく語る。

素人に簡単に真似できることではありませんが、こういう感じかと、イメージをもつことができました。

明石家さんまさんも、雑談の名人ですね。

この本でイメージする雑談からすると、本人が話し過ぎかもしれませんが、そのリアクションはとても勉強になります。特に**本当に楽しそうに話を聞く姿は、大いに見習いたい**です。

いずれにせよ、トーク番組の司会者は、雑談術を学ぶためのよいモデルになります。いろいろなトーク番組の司会者を見て、自分なりの理想のイメージを固めていくとよいでしょう。

また、司会者ではありませんが、いわゆる「ひな壇芸人」の対応も参考になります。司会者のフリに、どのような返しをするのかを学ぶのに大変よいモデルになります。やはり返しがうまい人は、いつまでも生き残っています。

他にも、聞き上手な人、間をうまく使いこなす人、表情のよい人など、テレビを見ていると、モデルにしたい人が本当にたくさんいます。

番組を楽しむだけでなく、「雑談のモデルはいないか」という視点でテレビを見てみるとよいでしょう。

また、「うまいなぁ」と感心するだけでなく、なぜうまいのか、どういうふうに話を膨らませているのかなどを分析すると、さらに有効です。

ただし、だれかをモデルにするのであれば、**自分のキャラクターもよく考えましょう**。

普段、とても落ち着いているのに、話を聞くときだけ、明石家さんまさんのような笑い声を上げ、机をバンバン叩いたら、びっくりされてしまいます。

落語で雑談から本題への入り方を学ぶ

雑談でウォーミングアップ

だいぶ昔のことですが、私が受け持っていた子どもの就学にかかわって、保護者と面談することになりました。

その面談には、アドバイザーとしてスクールカウンセラーも参加することになりました。両親と私、カウンセラーであいさつをして、いざ話し合いを始めようとしたときのことです。そのカウンセラーは、

「天気の悪い日が続いて困りますね」

と、面談とはまったく関係ない話題をもち出しました。

それから、しばらくあれこれと雑談が続きました。まだ若かった私は、早く本題に入っ

てほしいと少しイライラしながら、その雑談を聞いていました。

今考えると、その話し合いは非常に難しいものであり、保護者は学校に対して否定的な気持ちで参加していました。ですから、いきなり本題に入ってもうまくいくことはなかったと思います。

さて、そのカウンセラーと保護者の雑談ですが、**いつの間にか本題に入っていました。**本当に自然に、伝えなければならない話題に移っていたのです。そして、そうした自然の流れがよかったのでしょう。話し合いはとても順調に進みました。

この体験で私は、**本題の前に雑談でウォーミングアップする大切さ**を実感しました。

落語でコツを学ぶ

そのカウンセラーの雑談から本題への流れが実に見事なものだったので、コツを聞いてみました。しかし、

「自然な流れでやっているだけ」

としか聞くことはできませんでした。

それから少し後に、4年生の国語の学習に関連して、落語を聞く機会がありました。

そのときに、**雑談から本題への流れは、落語の「まくら」から本題への流れと似ている**ことに気がつきました。

ご存じのように、落語はいきなり本題には入りません。「まくら」と言って、時事ネタやオチに関係する言葉をさりげなく入れた話をして、本題に入るウォーミングアップをします。

この「まくら」から本題への流れが不自然だと、聞き手はしらけてしまいます。上手な落語家は、この流れが実にスムーズです。

ですから、落語を聞くことによって、雑談から本題に入るコツがつかめるのではないかと思ったのです。

それ以来、実際に寄席に行ったり、テレビで落語を積極的に見るようにしたりしました。通勤の自動車の中でCDも聞きました。

すると、

・とりとめのない話のように見えて、本題につながる言葉が出たときにすっと本題に入る。
・「まくら」の後に、ちょっとした間があって、そこから本題に入る。

といったことに気がつきました。

これはそのまま雑談から本題への流れに生かすことができます。

こうした話芸は、言葉で説明するのは非常に難しいものです。ぜひとも実際に落語を聞いて、自分なりのコツをつかんでほしいと思います。

また、**実際にライブで見ると多くのことが学べます。**

娯楽を兼ね、一度寄席に足を運んでみることをおすすめします。

話しかけられやすい人になる

教務主任になったとき、ある先輩からこんな助言を受けました。

「職員が放課後、職員室に戻ってきたとき、パソコンにかじりついて忙しそうにしていてはいけない。そんな姿を見た職員は、気楽に相談ができなくなってしまう」

リーダーというのは、忙しそうにしてはいけない。

その先輩から言われたことを、今もときどき思い出します。

この考えは、雑談にも通じます。

職場を見てみましょう。

よく話しかけられている人はいませんか。

逆に話しかけにくい人はいませんか。

両者の違いはなんでしょうか。

視線はどうでしょうか。きつく、するどい視線だと話しかけにくいですね。表情はどうでしょうか。眉間にしわが寄っていたら、声をかけにくいですね。反対に、いつもニコニコ笑顔の人には、つい話しかけてしまいます。

どんな雑談をするかも大切ですが、**話しかけてもらえるというのも、リーダーに欠かせない資質**です。

常に忙しそうにしていませんか。どんなに忙しくても、「忙しいオーラ」は控えめにしましょう。

せっかく話しかけてきた人に対して、

「今忙しいから」

などと冷たく返していませんか。

また、管理職にありがちですが、いつも不在で話したいときにいない、ということはありませんか。

今日一日何人に話しかけられたか。

時には振り返ってみましょう。

同じ話を三人にする

雑談上手になるには、量をこなすことも大切です。そのために、本章では、いろいろな人と話をしようと提案しました。

ここでは、**同じ話を三人にする**という方法を提案します。

少しおもしろい経験をした。だれかに話したい。

そんなときがチャンスです。

例えば、よくある話ではありますが、ちょっと反抗的な6年生の男子が、私のことを、

「ねえ、ママ」

と呼んできたことがあります。

中年男性の私のことを「ママ」と呼んだのは、きっと家ではお母さんに甘えていて、身近にいる人のことをついそう呼んでしまったからでしょう。いつもの姿からは想像できな

い、そんな彼の「失言」をかわいいなと思いました。

そこで、そのことをだれかに話して共感を得たいと思いました。そんなときには、その話を最低でも三人にすることにします。

三回同じ話をすると、それだけで量が稼げます。

また、**話しやすかったり、話が膨らんだりする聞き手がいることに気づきます**。こうした経験は、自分が聞き手となったときに役立ちます。

まったく同じように話すのではなく、順番を変えたり、話を多少大げさにしたりするなど、**工夫して反応の違いを見ることもできます**。

こうして何度も話すと、定番ネタになって、いざというときに話題がなくて困るということも防げます。

先ほどの例では、一人目に話をしたら、

「先生が女性っぽいということでは？」

と切り替えされました。

そんなことはまったくないのですが、その切り返しで話が盛り上がりました。

そこで、二人目には、女の人と間違えられたという話から始めました。この切り口の方が、聞き手は乗ってきました。

三人目には、その子がどんなに元気なのかという話をたっぷりしてから、「ママ」の話をしました。すると、その落差がおもしろいと言ってもらえました。

職場での雑談は、盛り上がればそれでよいわけではありませんが、練習期間はこうやって積極的にいろいろな方法を試してみましょう。


特に、人を傷つけるような話ではない、ほほえましい笑い話は、場を和ませますし、リラックス効果もあります。ひと笑いした後に、再び集中して仕事に取り組むことで能率アップにもつながります。

そうした意味では、定番化するのは、笑い話が最も適しているのではないかと私は思います。

第4章

こんなネタで雑談しよう

見ようと思えば見える

話しかけたい人がいるのだけれど、どんなことで声をかけたらよいかわからないというときは、どうしたらよいでしょうか。

まず心がけたいのが、その人のことを**「よく見る」**ということです。

実は、人間は見たいものしか見ていませんし、自分の見たいようにしか物事を見ていないものなのです。

儒教の経典の一つ『大学』には、次のような言葉があります。

「心ここに在らざれば、視れども見えず、聴けども聞こえず、食えどもその味を知らず。」

独断や偏見、思い込みで物事を見ていては、そのものの本当の姿は見えないのです。また、なんとなく見ているだけでは、見過ごしてしまうことも多いのです。

研究授業などで、子どもがとてもよいことを言っているのに、それを聞き逃してしまい、後の協議会で指摘される、というのはよくある話です。その子どもの発言が自分の計画にはないもの、予想外のものであったために、スルーしてしまうのです。まさに、視れども見えず、聴けども聞こえずです。

子どもの小さな変化も同じですね。

少し悲しそうな顔をしている。

手を挙げたそうにしている。

そういうことは、意識しないと見えないのです。

逆に、**その気になって見ようと思えば、いろいろなことが見えてくるもの**なのです。

これは、対子どもだけでなく、職場の人間関係においても同じです。

あるとき、それまであまりかかわりのなかった他学年の先生から、

「殴り書きですみません」

と連絡メモをもらいました。

殴り書きと言うわりには、ずいぶん達筆だなと思った私は、

「先生、字がうまいね。習ってたの？」

と聞いてみました。

すると、

「ありがとうございます。実は小学生の時から習字を習い始めて、大学まで続けたんです」

とのこと。

また、さらに話を聞くと、ただうまいだけでなく、理論もよく知っていることがわかりました。以来、いろいろなときにその先生を頼るようになりました。


こんなこともありました。

非常におっとりした、低学年にぴったりという印象の先生がいました。

その先生があるとき、ＡＬＴのアメリカ人の先生とペラペラと英語で話している姿を見かけました。

「先生、すごいですね！　英語ペラペラじゃないですか！」

「実は私、もともとは中学校で採用されて、しばらく英語を教えていたんですよ」

なんと、低学年に向いているのではと思っていたのに、中学校で教えていたとは…。

自分の先入観でその先生を見ていたのですね。でも、会話の場面を見逃さず、それをきっかけに雑談することで、その先生の新たな面を知ることができました。


どちらの例も、この程度のことでいいのかと思われたのではないでしょうか。

実はその通りなのです。たいした発見をしているわけではありません。日常生活の中でいくらでも見つけることができるようなことです。

しかし、見つけようと思っていないと案外素通りしてしまいがちなのです。

なお、こうやって声をかけることは、**「あなたに関心がありますよ」**というプラスの**メッセージを相手に伝えること**にもなります。

見ようと思えば見えてきます。

そして、私のように、見えたら景色が変わることもあります。

雑談をそんなきっかけにしてみてはどうでしょうか。

共通の話題を見つける

人から信頼されるための第一歩は、親近感にあります。

買い物に行ったときに、親近感のわく店員さんが対応してくれると、つい予算オーバーでも買ってしまう。それは親近感が信頼につながっていくからです。

親近感をもってもらうのに一番手っ取り早いのが、共通点を見つけるということです。

それまでよそよそしい関係だったのに、共通点が見つかったとたんにお互いの距離が縮まるという経験をしたことのある方も多いでしょう。

私の場合は、昔からの知人が実はスキーが趣味だと聞いて、非常に話が盛り上がったことがあります。私もかなりスキーに入れ込んでいた時期があったのですが、お互いにそのことを知らなかったのです。

以来、その方とは少しシビアな話をする場合でも、まずはスキーに関する雑談から始めるようになりました。**ちょっとした雑談をすることで、緊張感を和らげ、親近感をもって話し合いができる**ようになりました。

学校での雑談の場合、共通の話題はすぐに見つかるでしょう。**一番身近なのは、受け持ちの子どものことや、学校行事に関すること**ですね。

「
・今年の修学旅行ではどんなことをさせたいか。
・この前の運動会は風が強くて大変だった。
」

こんな話題で雑談すると、本音が聞けることも多いですし、仲間意識も高まります。

ただし、仕事の話だけでなく、プライベートな面での共通部分も知っておきたいものです。その方がより親近感が増します。

そのためには、**普段から話題を広く浅く多方面に展開するよう心がけましょう。**

そうするうちにいろいろな共通点が見つかってきます。

天気の話は鉄板

まんべんなく話しかけよう

前項で、お互いの共通点を見つけて、親近感をもってもらう大切さを書きました。親近感をもってもらうには、**接触回数を増やす**という方法も有効です。「遠くの親戚よりも近くの他人」ということわざがあるように、普段から顔を合わせる人の方が頼りになるものです。

ですから、**特に必要がなくても、いろいろな職員にまんべんなく話しかけていく**ようにしましょう。

とは言え、全員に声をかけるのは実際には難しいものです。また、なんとなく話しかけにくい職員もいるかもしれません。

私の場合は、物静かな職員が少し苦手で、あまり話しかけなかったことがあります。するとそのせいで「自分は嫌われている」と思わせてしまったようです。

別の職員からそのことを聞き、慌てて誤解を解いたという苦い経験があります。

以来、**天気の話**という定番中の定番の話題をいろいろな人と交わすようにしました。

とは言え、

「毎日暑いですね」

「そうですね」

といつもこれだけでは、少々寂しいものです。

雑談にもなっていません。

また、これで終わってしまったら、なんだか義理で声をかけているだけだと思われるかもしれません。

そこで、

「天気の話＋自分の話＋質問」

という形で話しかけるようにしました。

例えば、

「毎日暑いですね」

「そうですね」

「でも、ぼくは南国育ちなんで暑さには強いんですよ。先生はどうですか?」

このように相手に質問をします。

すると、

「私は暑さには弱いんですよ」

「じゃあ夏バテしやすいですか?」

などと、夏バテ予防という話題につながっていくかもしれません。もしくは、「南国育ち」に相手が興味をもって、そちらに話が流れていくかもしれません。

いずれにせよ、ちょっとした雑談になります。

あらかじめ話を考えてから声をかけよう

天気の話をする前に、自分の話は何にするのか、相手にどんな質問をするのか、少しだけ考えておくとさらに話が広がっていきます。

例えば、次のような状況ではどんなふうに声をかけますか。

天気のよい日が続いているとき

・洗濯日和が続きますね。とは言っても、うちは部屋干しなんですけどね。先生は外干し派ですか？　部屋干し派ですか？

・今日もいい天気ですが、これじゃ日焼けしますね。何かよい方法ないですかね。

雨の日に

・すごい雨ですね。でも、ぼくは傘ってあまり持たないんですよ。先生はどうですか？

・今日は雨で涼しくていいですね。夏の雨っていいですよね。先生は雨は好きですか？

こんなふうに、**ちょっとの仕込みで話が膨らんでいくことも多い**のです。

ぜひとも天気ネタでいろいろな人と話をしてみましょう。

あいさつにひと言加える

雑談はコミュニケーションの一種です。
そして、コミュニケーションの基本中の基本はあいさつです。
あいさつ一つで、人の印象もずいぶん違ったものになります。

小学校時代、私に比べて弟は近所でずいぶん評判のよい少年でした。
その理由があいさつなのです。
弟は近所の人に会うと、いつも愛想よく笑顔であいさつしていました。
私はそんなに愛想がよくなかったので、評判では弟の圧勝です。
あいさつは武器になることを、そのときに実感しました。

こうしたあいさつの効用を教育現場ではよくわかっていて、だからこそ、子どもたちのあいさつ指導に力を入れています。

それなのに、

「先生たちはあまりあいさつしない」

という声を地域の方からよく聞きました。

これではいけませんね。

率先垂範、まずは自分たちから、さわやかなあいさつができるようにしましょう。

それに、あいさつから雑談が始まることも多いので、再点検してみましょう。

まずは、あいさつの基本から。

あ　明るく
い　いつも笑顔で
さ　さきに
つ　ついではだめ

これは私がつくった合い言葉ですが、似たようなものが学校にもあるのではないでしょうか。

当たり前と言えば当たり前のことなのですが、こういう当たり前のことがちゃんとできるかどうかが大切なのです。

ちなみに、「ついではだめ」というのは、「ながらあいさつ」ともいい、**何かのついでにあいさつしてはいけない**ということです。

書類を書きながら、パソコンで作業しながら、あいさつをしていませんか。

私が尊敬する校長先生は、何かしていても手を止め、視線をこちらに向けてあいさつをしてくださいました。そういう心遣いは相手に伝わるものです。

さて、あいさつがしっかりできたら、さらにそれを進化させましょう。

例えば、

「おはようございます」

で終わらせずに、そこに**ひと言つけたす**のです。

例えば、

「おはようございます。ちゃんと朝ご飯食べてきた？」

「おはようございます。今日も元気がいいね！」

「おはようございます。マスクして、花粉症ですか」

相手のことを話題にしたひと言を添えるとよいでしょう。

それによって、「あなたのことを気にかけています」という気持ちが伝わります。

すると、

「実は朝ご飯食べてないんですよ。というのも…」

というように、話が広がっていく場合があります。

毎日忙しくて、なかなか職員と話ができないというときにも「あいさつ＋ひと言」は有効です。

職員が多くても、一人に5秒もあればできるのです。5秒の気づかいが後々効いてくるのです。

天気の話に加え、「あいさつ＋ひと言」を身につければ、毎日どのように声をかけるか迷わずに済みます。

失敗談で自己開示する

和やかな雰囲気でチーム力が高まる

雑談が活発に行われる職場は自由度が高く、和気藹々と職員が仕事に取り組むものです。

一方、雑談の一つもできないような職場はギスギスしています。

そのような職場では、チームとして困難な状況に立ち向かっていくことはできないでしょう。

では、両者の違いはどこからくるのでしょうか。

一番大きいのは、**リーダーが親しみやすいかどうか**です。

父親が厳格すぎる家庭と、親しみやすい家庭の食事風景を思い浮かべるとイメージしやすいでしょう。

これを戦略的に考えれば、リーダーに親しみをもってもらい、それによって和やかな職場にしていく。すると、チームとしての協力体制が取りやすくなるということになります。

さて、一番簡単に親しみをもってもらう方法はなんでしょうか。

それは、**失敗談を披露し、自己開示する**ことです。

自慢話や武勇伝は、話している本人は気分がいいのでしょうが、聞き手はうんざりしてきます。

ですが、失敗談を聞くと、

「先生でもそんなことをしたんですね」

と共感を得て、親しみを増してくれるでしょう。

私の師匠である野口芳宏先生は、大学教授や県の教育委員まで務められた方なのに、よく若いころの失敗談を話してくださいます。教育への造詣の深さだけでなく、そうした親しみやすい雰囲気が、多くの人に敬愛される理由なのだと思います。

威厳を保とうと、自分は失敗などしてこなかったという態度はやめ、

「実は今となっては笑い話なんだけど…」

などと、思い切って失敗談を披露しましょう。

そういうリーダーには、自分の話をしてくる職員も増えるはずです。

それによって、よりコミュニケーションが深まるでしょう。

とは言っても、**リーダーの資質を疑われるような失敗談は開示してはいけません。**

あくまでも軽い失敗、ありがちな失敗を告白する程度にしておきましょう。

自己開示がリスクマネジメントにつながる

さて、リーダーが失敗談で自己開示するメリットはもう一つあります。

それは、**この人はミスに寛容であるというイメージを職員がもてる**ということです。

もしミスを許さない厳しいリーダーだと思われていたらどうでしょうか。

ミスをした職員は、それがバレないようにと隠蔽するかもしれません。隠蔽によって事態が悪化するのは自明のことです。

一方、

「このリーダーは自分も数多くのミスをしてきたと言っている。だから、自分のこともわかってくれるのではないか」と思っていたらどうでしょう。

おそらく、早めにミスしたことの報告がリーダーの耳に入るでしょう。

ミスがあったときには、いかに素早くそれに対処するかがポイントになります。

そうした意味において、**失敗を自己開示することは、リクスマネジメントという側面からも有効**なのです。

もちろん、ミスを報告してきた職員には、ある程度の寛容さをもって対応するようにしましょう。

自分に甘く、人に厳しいようでは信頼されません。

人と違ったことをしてみる

雑談は聞くこと中心でよいのですが、自分の話を加味すると、より話が膨らみ、豊かになります。

しかし、自分にはとりたてて話すネタがない。

そういう人は、**人と違ったことに挑戦するとよい**でしょう。

とは言っても、前人未踏の地に足を運ぶというような大げさなことではありません。普通の人なら、多少はためらうようなことに挑戦する程度です。

例えば、台湾に行ったとき、コンビニに「アスパラジュース」というものが売っていました。普通の観光客は飲まないでしょう。ですが、思い切って挑戦しました。味はご想像にお任せするとして、そのときの話はずいぶんいろいろなところで披露しました。

すごい行列のラーメン屋を発見したときは、試しに自分も並んでみました。そのときは、結局2時間待ってうんざりしましたが、ラーメン好きな人との会話で使うことができました。

あるテレビ番組で、武田邦彦氏（中部大学特任教授）が「天気予報を見るな」という話をしていました。

天気予報を見なかったために、突然の雨で濡れて不愉快になる。指先まで冷えてしまう。家に帰って風呂に入ると、温かさがしみわたり、幸せを感じる。その話を居酒屋での酒の肴にもできる、というような内容でした。

これは、計画的な行動ばかりでは視野が狭くなるという文脈での話だったと思いますが、まさに雑談のネタというのも、計画から外れた部分に多く見つけられるものです。

つまり、雑談のネタを探すというのは、**日々の生活の中で見過ごしていたものに目を向けたり、視野を広げたり、感動したりすること**なのです。

人生を豊かにするためにも、人がやらないこと、計画から外れたことに挑戦してみましょう。

新聞、ラジオはネタの宝庫

宗教や政治の話はＮＧ

毎日職場で雑談していると、だんだんネタ切れになってくることもあります。

そうしたときに気楽にできるのが**時事ネタ**です。

とは言っても、**宗教的な話、政治的な話はあまりしない方が無難**です。

働き方に関しての法案が通ったというような話ならばよいのですが、その法案へのかかわり方について、特定政党の批判を行うといったことは禁物です。

また、その宗教独自の考えを否定するような話題も、職場の雑談としてはふさわしくありません。

個人の信条、思想の領域に入ってしまい、話が感情的になってしまうことがあるからです。

時事ネタでは、教育問題をもってくるのが定番だと言えるでしょう。

「今日の新聞に、小学校での英語教育の取組が出ていたよ」

と話を振ると、

「なんだか大変そうで気が重いですね」

などと、**雑談をしながらその職員の本音がみえてくることもある**でしょう。

また、あえてそういう雑談をすることで、英語教育への意識づけを図っていくこともできます。

つまり、**職員に意識させたい話題を意図的に振っていく**のです。

新聞やラジオでネタ集め

もちろん、いつも教育ネタばかりというわけにもいきません。

幅広く時事ネタを集めておきたいものです。

そんなときに役立つのは、新聞やラジオです。

インターネットやテレビでも情報は入手できますが、**手軽さもあって、みんなが知っている内容になりがち**です。同じ時事問題でも、ちょっと切り口が違うと、相手も興味をもってくれるでしょう。いい話を聞いたなと思えば、相手はまたあなたと話してみたくなるはずです。

新聞には、記事の信用性が高いというよさがあります。また、特集記事には、ネットにはあまり出てこない取材情報が載っていることが多いものです。そして何より、最近は新聞をとっていない人も増えています（教師は購読すべきと思いますが…）。こうしたことから、新聞がネタ集めの基本となります。

またラジオもおすすめです。ラジオはテレビよりも発言の自由度が高いのです。テレビでよく見かけるコメンテーターが、ときどきラジオに出演しています。テレビのときよりも、個人的な見解を入れ込みながら話をするので、聞いていてとてもおもしろいですし、「なるほど、そういう考え方、見方もできるのか」と新たな発見があります。そうした発見は、雑談のネタとしても活用できます。

と言っても、興味のあるラジオ番組がやっている時間は勤務中で、聞くことができないという方も多いでしょう。ですが今は、インターネット環境があればこうした問題に対応できます。

例えば、パソコンやスマートフォンで聴くことのできるラジオアプリの「タイムフリー機能」で、１週間以内のラジオ番組を再生することができます。

また「ポッドキャスト」には、毎日のニュース番組のダイジェストがあがっています。私は主に、ニュース番組のポッドキャストを通勤時間やランニングの途中に聴いて情報収集しています。

教師は学校という閉鎖的な場所で仕事をしているためか、世間に疎いなどと言われることもあります。

ですから、雑談のためだけでなく、**視野を広げる意味でも時事ネタを積極的に集めるようにしましょう。**

目の前の出来事やものについて話す

話のネタが見つからないときは、目の前の出来事やものについて話すのもおすすめです。

まず、出来事ですが、学校では実に様々な教育活動が行われているので、あたりを見渡すと、ネタがいろいろとあるものです。

例えば、校庭を見てみましょう。

桜の木を観察している子どもたちがいれば、

「桜の木を観察していますね。生活科でやっているのかな」

あるクラスが、リレーの練習をしていれば、

「運動会に向けての特訓ですかね」

と話題にします。

廊下を走っている子がいれば、それを話題にすることもできるでしょう。ただこの場合、

批判めいた雑談にしないことが大切です。

次に、ものにも注目しましょう。

例えば、ある職員の机に教育雑誌が置いてありました。そこで、

「おっ、勉強熱心だね。年間購読してるの？」

と話しかけると、初任以来ずっと読んでいるということがわかりました。その職員はあまり本を読まないタイプに見えたので、意外な発見をしたなと思いました。

おもしろい文房具を使っている職員もいるでしょうし、たまっている仕事の書類が机上に積み上がっていることもあるでしょう。

特定の色を意識すると、その色をよく見かけるようになるという、**カラーバス効果**というものがよく知られています。「今日のあなたのラッキーカラーは青です」などと言われると、やたらと青が目に入るというのは、だれしも経験のあることでしょう。

これと同じで、雑談のネタはないかと、目の前の出来事、ものを意識すると、これまで以上にいろいろな出来事、ものが目に入ってきます。

そのことによって、**リーダーにとって必須の観察眼も磨かれます**。

話題になるようなものを持つ

前章で、話しかけられやすい雰囲気づくりについて述べました。

話しかけやすいリーダーと、話しかけにくいリーダーで、どちらが職場の活性化につながるかは自明のことだからです。

ここではさらに、しかけをつくることで、相手から雑談を振ってもらえるような取組を紹介します。

それは、**話題になるようなものを持つ**ということです。


一番身近なのは、文房具です。

大型店に行くと、なかなかおもしろい文房具を売っています。

だいぶ前のことですが、小さなスニーカーを持って歩いている職員がいたので、

「子どものスニーカー？」

と聞くと、

「いいえ、筆箱です」

「えっ、筆箱!?」

と、とても驚いたことがあります。その職員はスニーカーを集めるのが趣味で、この筆箱も衝動買いしてしまったとか。そんな雑談が弾みました。

このように、**ちょっと変わっている、おもしろいものを持つと、自分から雑談を振らなくても、話しかけてもらえるのでおすすめ**です。


少し個性的な服を着るというのもよいでしょう。

私の知人は、県のキャラクターである、「ちーばくん」のワンポイントが入ったポロシャツを着ていることが多いのですが、そういうものは話題になりやすいです。アニメのTシャツや、変わった柄のネクタイなどもいいですね。

あるとき、普段は白いワイシャツの校長先生が、ピンクのシャツを着て出勤しました。

そこで、

「校長先生、珍しいですね。今日はピンクのシャツですね」

と話しかけました。

すると、

「おっ、よく気づいてくれたね。なぜだかわかるかい？」

その日は、「ピンクシャツデー」と言って、ピンクのシャツを着ることでいじめに反対する意思を示す日だということでした。

全校集会でその話をするため、わざわざピンクのシャツを買いに行ったということでした。

このように、**雑談のネタになりそうなものや服を持っていると、いつもはあまり話をしない人とも楽に話すことができます**。ぜひお試しください。

なお、せっかくおもしろいものを持って行ったのに、だれも話しかけてくれないということもあるかもしれません。そんなときは、

「これ、おもしろいでしょ？」

と積極的にアピールしましょう（笑）。

第5章

職場を活性化させる雑談術

自分からどんどん足を運ぶ

リーダー、特に管理職になると、若手からは話しかけにくい存在になりがちです。

また、自分よりも先輩の方たちも、複雑な思いがあり、やや距離をとるようになります。

ですから、放課後の職員室で自席に座っているだけでは、積極的に話しかけてくる職員としか雑談しなくなります。

それは、自分自身にとっては楽なことかもしれませんが、職員の考えを知り、職場を活性化するという目的から考えると、よいこととは言えません。

そこで、おすすめしたいのが、**放課後の職員室をぶらぶらと歩き回り、いろいろな職員と雑談する**ということです。

管理職なら、授業中に校内巡視をすることも多いと思いますが、放課後の職員室も巡視するのです。もちろん巡視と言っても、

「おっ、元気?」

「はい、なんとか」

「学級目標は決まったかい?」

こんな感じで、軽い会話をしながら回るイメージです。

今の若手の中には、雑談が迷惑という人もいるので、そういう人とは簡単に話し、逆に悩みがあって話をしたそうな職員とは多少時間をとるなど、**人と場合によって軽重をつけます。**

なお、くれぐれも気をつけたいのが、

「お説教口調にならないように、軽く、明るく話をする」


ということです。

当たり前のことですが、嫌なことを言われると思うと、だれも職員室に集まって来なくなります。こうした取組を毎日続けることで、職場の雰囲気が明るくなりますし、情報の風通しもよくなっていきます。

雑談スペースをつくる

私が昔アルバイトをしていた飲食店は、いくつかの店が集まったビルにあり、共有の休憩室がありました。そこではみんなが自然と雑談をしていました。同じ店の方だけでなく、他店の方とも話をし、そこで得た情報を、仕事に生かすこともできました。

学校では、こういう休憩室はあまり見かけません。

あったとしても、学年室のような場所で、他学年や職種の違う職員（例えば、事務職員など）と交流できる場所ではありません。

そこで、おすすめしたいのが、共有の雑談スペースをつくるということです。

例えば、職員室の後方に少し大きめの机をセットします。そこに、ポットを置いて、お茶が飲めるようにします。お菓子を置くのもよいでしょう。

ここを職員に自由に使ってもらうのです。

「ちょっとお茶でも飲もうか」

と自分から職員に声をかけてもいいでしょう。

自席では仕事に集中し、疲れたら休憩スペースで雑談する。そこには、他の学年の職員も集まってくるので、

「**情報の風通しがよくなる**」

というわけです。

教員の休憩時間はあいまいなことが多いのですが、**10分なら10分と決めて、その時間はきっちり休むようにした方が、かえって効率が上がる**というメリットもあります。

職員室にそんなスペースはないという場合は、校長室の応接セットを、大きなテーブルに変えてしまうという方法もあります。

校長室の広さにもよるのですが、大きなテーブルを常設し、簡単な研修はそこでやるという学校もあります。それによって、校長室に入りやすくなり、管理職との心理的距離が近くなるという効果もあります。

お菓子を配りながら雑談する

本章冒頭で、放課後に職員室をぶらぶら歩きながら雑談するとよい、と書きました。

そのときに、ちょっとしたお菓子を配りながら歩くのもおすすめです。

お菓子があると、話のきっかけがつかみやすくなります。

「がんばってるね。疲れているときには甘い物がいいよ」

と言いながらチョコレートを渡せば、場も和むことでしょう。

相手が苦手なタイプで、話しかけるきっかけがつかみにくいという場合でも、お菓子があれば話しかけやすくなります。

その際、**あまり見かけないお菓子や、自分のキャラクターとギャップのあるお菓子などを配ると、そのことでさらに雑談が弾みます。**

例えば、いかつい感じの管理職が、かわいいキャラクターのクッキーを配ると、

「先生、これ自分で買ったんですか？」

などと、興味をもってくれる職員も多いでしょう。

お茶を飲みながら雑談するのも、おすすめです。

ティーブレイクという言葉があるように、お茶をとりながら話をすると、よりリラックスできるのです。そして、リラックスしている方が、

本音を語りやすく、打ち解けやすくなります。

ですから、ある職員と話し合わなければならないことがあるときも、お茶を用意して、

「ちょっとお茶でも飲みませんか？」

と声をかけてみましょう。

たとえ深刻な内容だったとしても、お茶を飲むことで少しは話しやすくなるはずです。

なお、お菓子と同じように、お茶にも凝ってみると、それを基に雑談することができます。例えば、紅茶にはたくさんの種類の茶葉があるので、**「今日は特にストレス解消効果の高い紅茶を持って来ましたよ」などとお茶に誘うのも有効です。**

会議後の雑談を大切にする

会議や打ち合わせが終わったら、何をしますか。

効率から考えれば、さっと次の仕事に入った方がいいですね。

しかし、少しだけその場に留まり、職員の様子を観察してはどうでしょうか。

すると、先ほどの会議について話をしている職員がいるかもしれません。会議ではほとんど意見を言わなかったものの、**会議の後につい本音が出てしまうということもある**のです。

本来であれば、不安な点、反対意見は会議の中で述べるべきですし、本音の言える雰囲気をつくらねばなりません。

ですが、みんなの前で発言するのが苦手だという職員もいるのです。

そういう職員には、観察するだけでなく、こちらから話しかけていくのもよいでしょう。

「遠足の件、みんな納得したのかな？」

と聞くと、会議中よりももっとつっこんだ話をしてくれる職員もいるものです。そこで得た情報から、次の手を考えていくとよいでしょう。

職員会議で意見が分かれ、結局は自分の意見が通らなかった職員への気づかいも大切です。そういう職員に、

「先生の意見は通りませんでしたが、先生がみんなのことを考えて言ってくれたことは伝わりました」

と声をかけるのです。

その職員も、よかれと思って発言しているはずです。それなのに自分の意見が却下されたら、きっとモヤモヤした気持ちになっていることでしょう。

「それをほぐし、意見が分かれた案件でも前向きな気持ちで取り組めるようにする。」

このことが大切です。

会議中に雑談タイムをつくる

昔、同学年を組んだ先輩で、やたらと筆談が好きな人がいました。

会議でだれかが提案していると、それに対しての自分の意見をノートに書いて、隣に座っている私に見せてくるのです。

その内容は、

「提案がわかりにくい」

といった批判的なもの、

「それなら全校で取り組んだ方がいいね」

という前向きなものなど多様でした。ときどき非常におもしろいコメントもあり、思わず吹き出しそうになって困ることがありました。

でも、経験の浅い私は、提案を聞いてもあまり深い考えをもてていませんでしたので、その先輩からの筆談はとても勉強になりました。

若手がどんどん増えている現状を考えると、こうした仕組みを会議につくっていくとよいのではないかと思います。

とは言え、みんなが一斉に筆談しはじめたら大変なことになってしまいます。

そこで、**雑談タイムを会議中に設けるようにします。**

重要な提案、意見の分かれた提案などがあったら、そのときに短時間でよいので、少人数で話し合うようにしてもらいます。

そうしたことをすでに取り入れているという学校もあるでしょう。ですが、その時間をあえて**「雑談タイム」と名づけることがポイント**なのです。

人はネーミングに引きずられがちです。教室で子どもたちに、

「『ごんぎつね』の設定について考えよう」

と言っても、あまり乗り気にはなりません。

ですが、全く同じ内容の学習を、

「『ごんぎつね』クイズ大会をしよう」

に変えるだけで、子どもたちは前向きに取り組みます。

同じように、

「〇〇について話し合ってください」

と言うと、何かよいことを言わなくては、結論を出さなくてはという雰囲気になりますが、

「雑談してください」

と言うと、**なんでも言ってよいのだ、結論までもって行かなくてよいのだというニュアンスになって、本音を言いやすくなります。**

この雑談タイムは、話し合う内容によって、二人組で意見交換する、四人程度のグループで話し合う、など使い分けます。

なお、話し合うときに気をつけたいのは、

「

・たくさん意見を出し合う。

・出た意見を否定しない。

」

ということです。いわゆる「ブレインストーミング」と同じです。

意見が出た後の進め方は、その時々の状況で変えればよいでしょう。

「
・特に意見を発表したい人に挙手してもらう
・代表的な意見をいくつか絞って発表してもらう
・特によいと思う意見を一つだけ、発表してもらう
」

もちろん、こうしたやり方は効率が悪く時間がかかります。

しかし、ここで時間をとることで、その後の活動がスムーズになったり、職員の気持ちが前向きになったりするのであれば、結局は効率がよかったということになるのではないでしょうか。

「
目先の効率をとるのではなく、長い目で効果を考える
」

ということが大切です。

学校の課題を雑談の話題にする

雑談を戦略的に使うには、**時には話題をコントロールすることも大切**です。

例えば、不登校の問題をなんとかしたいという課題があったとします。「不登校対策会議」を開いて、対応策を話し合うのは、フォーマルな取組です。もちろん、こうしたフォーマルな話し合いは重要です。

しかし、その一方で、雑談としても不登校に触れていくのです。

「B先生は、どうすれば不登校が減ると思いますか?」

こんなふうに、放課後の職員室で聞いてみましょう（あくまでも軽い口調で）。フォーマルな話し合いならば、最終的に何をどう取り組むのかを決めなければなりませんが、**インフォーマルな場面なので、結論は不要**です（そもそも、こうすれば不登校がなくなるという特効薬はありません）。

こうした雑談を通して、そのことに対しての意識を高めていくことがねらいなのです。

また、どんな意見が出ても否定してはいけません。これは雑談全般に言えることですが、特に学校の課題などカタい話をするときには気をつけましょう。

「学力を上げるにはどうしたらいいのかなぁ」

「やっぱりドリルをたくさん宿題で出すことじゃないですか？」

「いや、宿題で学力は上がらないな」

こんな話の流れになってしまうと、雑談ではなく、上司にテストをされているような気分になります。

気楽に、自由に意見が言えるようにしましょう。

こうした話題を仕組むことで、

「保護者や子どもへの不満ではなく、学校の課題についての雑談を活発に行う職員室」


にしたいものです。

常に学校の課題をみんなで考える文化ができれば、学校は間違いなく変わっていきます。

雑談の責任を問わない

職場を活性化したり、人間関係を良好にしたりするためには、**雑談の内容を覚えておくことが大切**です。

雑談で、その人が花を育てることが好きだとわかれば、次回は花のことから話を始めます。すると、自分の趣味を覚えてくれていたのだとうれしくなり、あなたへの好感度がアップするでしょう。

ですから、これはよい情報だと思ったら、忘れないようにメモしておきましょう。

仕事上で役に立つ情報も大いに活用します。

かつて6年生の学年主任をしたときに、雑談の中で年配の女性教諭が長年ダンスを習っていることを知りました。運動会の表現運動は例年若手の男性教諭が担当していたのですが、そのことを知り、女性教諭にサブとして入ってもらいました。

すると、これまでにない斬新な振りつけになり、保護者のみなさんから大変好評を得ました。その女性教諭はダンスを習っていることをまわりに話していなかったので、**雑談の中で情報を得たことが非常に有効に働いた**わけです。

このように、プラス面での活用はよいのですが、気をつけたいのはマイナス面です。

例えば、いつも始業時刻ギリギリに来る職員がいました。その職員はゲームが大好きで、いつも夜遅くまでゲームをしているということが、雑談を通してわかっていました。

しかし、

「いつもゲームばかりしているから、時間ギリギリになるんじゃないの」

などとは言いませんでした。そんなことをしたら、その職員は二度と本音を語らなくなるからです。

これは極端な例ですが、雑談で得た情報を説教のネタにしてしまう人は結構います。

「雑談で語られた内容の責任は問わない。」

これは鉄則です。

異職種との雑談を仕組む

学校は教諭だけで成り立っているわけではありません。

事務職員、用務員、給食配膳員、スクールカウンセラーなど、様々な方が職場に配置されています。また、教諭と言っても、養護教諭や栄養教諭などは、職務内容が一般教諭とは大きく異なります。

こうした職員は、学校に一人しかいないことが多く、孤立しがちですし、こちらから積極的にかかわらないと、コミュニケーションが不足しがちです。

そこで、まずは事務職員やカウンセラーの方たち、**いわゆる一人職の方には、出勤したら最優先であいさつをしにいくようにします**。そして、天気の話など、一言二言交わします。保健室にも小まめに足を運ぶとよいでしょう。

こうした方たちは、情報通でもあります。こちらのアンテナにはかかってこない話をしてくれることも多いでしょう。

また、教諭とは違った視点で指摘をしてくれることもあります。私が教頭時代にご一緒した事務補助員さんは、保護者の目線で学校行事などについて話をしてくれ、非常に参考になりました。

スクールリーダとしては、**自分が一人職の方とつながるだけでなく、他の職員とどうつなげていくかも考えましょう。**

職員は一人職の方と日常的にコミュニケーションが図れているでしょうか。

学年会に事務職員を呼んで、会計処理について意見交換をしてみる。

心配な子どもがいるときは、その子が保健室に通っていないか、何か気になることがないかを養護教諭に聞きに行かせる。

こんな場のセッティングを意図的に仕組んでいきましょう。

「人と人をつなげていく。」

これもリーダーの重要な役目です。

雑談のネタを職員室に

職員室での雑談は多種多様ですが、時にはみんなで共通の話題で話をすることで、一体感を高めたいものです。

その一方策として、職員室の出入り口付近など、みんなが目にする場所に、**情報コーナーを設けます**。

不祥事防止のポスターなどを貼っている学校もあるかと思いますが、そういう警告ではなく、前向きな気持ちになれるコーナーにします。

例えば、**「今日は何の日コーナー」**というのはどうでしょうか。本やネットで調べると、毎日がなんらかの記念日や有名人の誕生日であることがわかります。簡単にそのことを説明するコーナーです。その日が誕生日の職員がいれば、そのことも知らせます。

少し高尚な話をと思う場合は、**論語**を載せるのもよいでしょう。論語の短いフレーズと簡単な解説を書いておきます。また、**季節に合った俳句**もおすすめです。

あなたが学年主任であれば、学年室に大きめのホワイトボードを用意し、連絡事項にプラスして何か簡単なネタを書いておくとよいでしょう。

こんな取組をしても、「みんな素通りするだけではないか」と思うかもしれません。

ですが、毎日続けてみてください。

今日は何が書いてるかと興味をもつ職員が必ず現れます。

たまに何も書かないと、

「今日はどうしたのですか」

と聞いてくる職員がいるものです。SNSで言うところのフォロワーです。


この一人目のフォロワーを大切にしましょう。

そして、その職員と楽しげに掲示板について雑談するのです。すると、次第にその輪が広がってくるものです。そうなれば職員同士で、書いてある内容について会話をする機会も増えるでしょう。**反応がなくてもあきらめずにこつこつ続けることが大切**です。

茶話会を企画する

教育を巡る問題は複雑化し、教師の仕事も年々増えているように感じます。「過労死ライン」と言われる残業時間を、大幅に超えて働いている職員もいます。

こうした多忙化への対応から、かつて行われていた、学校内での茶話会もだいぶ少なくなってしまったようです。お茶など飲んでいる暇があったら、その分仕事を進めて早く帰りたいということなのでしょう。

私が若いころは、始業式や終業式などの節目に加え、端午の節句、七夕、ひな祭りなど、季節の行事に合わせて、勤務時間終了後に、茶話会をしていました。

例えば、端午の節句では、みんなでお茶を飲みながら、男性職員の代表が出し物をすることになっていました。

教師には芸達者な人が多く、縄跳びで五重跳びを披露したり、達筆な書を披露したりするなど、普段は目にすることのない姿に驚きましたし、今でもそのことを鮮明に覚えています。

あるときには、とても大人しい男性職員が、サングラスをかけて井上陽水の真似を披露してくれました。その職員の意外な一面を見て、一気に親しみを覚えました。以来、井上陽水ネタでその職員と雑談を楽しめるようになりました。

今は、いろいろと難しくて、芸を強要したらパワハラと言われ、勤務時間外なので参加したくない、忙しいから無理だという職員がいるという事態も考えられます。

ですから、無理強いするのはいけませんが、短時間でもよいので、こういう会を企画してはどうでしょうか。

一見無駄なこの取組によって、職員がお互いの理解を深められるとしたら、その効果は何倍にもなって返ってくるはずです。

「職場にうるおいを与える。」

これもリーダーの重要な仕事です。

学習会を企画する

雑談の場を設定する

どう雑談するかを考えるのではなく、**雑談せざるを得ない場をつくっていく**こともおすすめです。

先に述べた茶話会や、職場内でのスポーツレクなどもそうした場になります。特に職場の活性化につながるのが、**学習会を企画する**ことです。

私の場合は、研究主任になったときに、「若竹研修」と言って、若年層対象の研修会を始めました。これは、放課後に30分程度で行う、ワンポイント研修です。

学級開きの方法や、授業参観のネタ、教材研究の方法など多岐にわたる内容を、月に数回企画しました。

参加はあくまでも自由で、時間があるとき、興味があるときだけ参加すればよいという、ゆるい研修です。

この取組はとても好評で、若年層だけでなく、年配の先生もずいぶんたくさん参加してくれました。

この研修会でよかったのは、その取組だけでなく、**研修後の雑談**でした。その日の内容に合わせて、若手といろいろな話ができたのです。授業参観のネタについて話をしたときには、

「授業参観で気をつけていることってある？」

と話題を振ると、

「保護者が教室に入りやすいように、子どもたちの机を真ん中に寄せて、スペースをつくるようにしています」

というように、その日の研修で取り上げなかったアイデアが出るなど、情報交換が始まることもありました。

また、ざっくばらんに悩みを相談し合うような職員もいました。場を設定するからこそ、こんな交流が生まれるのです。

年配の方も巻き込む

年配の参加者には、雑談がてら、次回の講師になってくれるようにお願いをすることもありました。こうして当事者にして巻き込むと、強制しなくても、どんどん参加者が増えていきました。

なお、研修の講師をお願いする場合、その人が講師としての経験があまりない場合は、研修時間を15分と短めに設定することがコツです。慣れない人は、内容を盛り込みすぎたり、間延びしたりするからです。

「参加者が満足するような研修を企画する。」

そうしなければ、次第に参加者が少なくなってしまいます。

逆に、充実した研修であれば、**自然とその後の雑談も盛り上がっていく**のです。

第6章

どの世代ともうまくいく雑談術

若手にこそ謙虚に接する

教師の世界は「鍋ぶた型」とも言われ、校長や教頭など数人の管理職以外は、おおむね身分上は同僚となります。

そうは言っても、当然のことながら、後輩や先輩という関係は生まれます。

先輩に対しては、自然と気をつかう人でも、後輩、特に年の離れた若手に対する態度は無頓着だという場合もあります。スクールリーダーとしては、**ぜひ若手との関係づくりにも心配りをしていきたい**ものです。

例えば、雑談をしているときに、あきらかに未熟な発言が出たとします。そんなときに、

「何言ってるんだよ」

などと、いわゆる上から目線で話をしてはいけません。

また、他の人との雑談で若手の未熟さをネタにするようなことも慎みたいものです。

自分の若いころのことを思い出しながら、温かく見守る気持ちで接しましょう。

また、先輩面をして偉そうに接しないようにも気をつけましょう。

私が出会ったすばらしい先輩方は、謙虚な人ばかりでした。私に対する言葉づかいも丁寧で、「教師としては未熟かもしれないけれど、社会人としてのあなたを尊重します」という気持ちが伝わってきました。

一方で、やたらと威張っている人というのは、やはりたいした人物ではなかったと、今振り返ってもそう思います。

「背中で教える」という言葉がありますが、**教育の本質は感化**にあります。

若手には言葉であれこれ教えるのではなく、自分が仕事に向き合う姿勢で影響を与える。そういう気持ちでいることが大切です。

若手に対しては、気楽に雑談もできるでしょう。


「だからこそ、謙虚に接するという気持ちを忘れない。」

このことを頭に入れておきたいものです。

若手にはコーチングを意識する

若手との雑談でありがちなのが、雑談しているはずなのに、**いつのまにかあれこれと教えてしまう**ということです。そうしたことへの対処法は、第2章の「相手の言うことを否定しない」の項に書いたので、そちらを参照してください。

指導しないとはいっても、これは教えておいた方がよい、ということもあるでしょう。その場合は、コーチングを意識しましょう。

ご存じの方も多いでしょうが、コーチングは、教えるのではなく、**問いかけることで相手自身に気づかせたり、自発的に行動できるようにしたりする手法**です。

例えば、

「そう言えば、今日国語で、俳句をつくらせたんですけど、なかなか難しくて子どもたちも苦労していました」

と話をされたときに、まずは、

「俳句づくりにチャレンジしたことは非常によかった」

と肯定的に受け止めます。それから、

「子どもたちはどうして苦労していたんだろうね？」

と質問します。それに対し、

「なかなか五・七・五の十七音にならなかったのです。六・八・五になってしまったり」

と返ってくれば、

「六・八・五ではだめなの？」

と再度質問します。

要するに「問い」を繰り返し、相手の話を「傾聴」することで気づかせていくわけです。

すると、

「そうですね。慣れるまでは五・七・五にこだわらない方がよかったかもしれません」

と自分なりの修正案を考えることができるでしょう。

一方的に指導されたときに比べ、こうして自発的に考え出したことには、モチベーションをもって取り組むことができます。

「なるほど。まずは慣れさせることが大切だと思っているんだね。私もそう思うよ」

あとはこのように、後押ししておきましょう。

なお、コーチングで「問う」ときは、適当に質問すればよいわけではありません。**詰問にならないように注意しながら、一定のゴールを設定しておくことが必要**です。

先の例で言えば、「子どもたちがどうすれば俳句づくりを楽しめるのか」その具体案を考えさせたいというゴールがありました。そこで、「何に苦労していたのか」と聞いていったのです。

一般的には、コーチングでは次の三つを意識しておくとよいと言われています。

- **何が問題なのか聞く。**
- **その解決のために何が必要なのか聞く。**
- **解決のための手順について聞く。**

ただ、雑談の流れの中ですので、あまりきっちりやると話が重くなってしまいます。

結論までもっていかずに、適当なところで話を切り上げましょう。

その際、

「よかったら、今度俳句の指導について教えるから、時間のあるときに声をかけて」

と言っておけばよいのです。

本当に教えてもらいたいと思えば、後日お願いされるでしょうし、そうでなければ無理に指導する必要はありません。

ただし、矛盾するようですが、これは絶対に見過ごせない、今すぐに教えなければならないということもあります。

そのような場合は、躊躇せず、しっかりと話をすることも大切です。

ただし、極力それは避けるようにしたいものです。

若手とは未来の話をする

若手との雑談でぜひとも取り入れたいのが、「どんなことをやりたいのか」「どんな教師になりたいのか」といった話題です。

若手は、学級経営などに不安を抱えていることが多いので、今のこと、過去のことを聞くと「子どもたちが言うことを聞いてくれない」など、ネガティブな話題になりがちです。

もちろん、そうした話に寄り添うことも大切ですが、時には明るい、これからの話をしたいものです。

未来の話は、気持ちがポジティブになるだけでなく、**本人のやりたいことや価値観が見えてきます**。

それによって、**相手とのかかわり方を考えたり、どんな仕事を振っていくかの参考にしたりすることができます**。

例えば、

「体育主任をやりたい」

という話が出てくれば、体育関係の仕事を任せていくようにすると、本人のやる気が高まるでしょう。

上昇志向が強いタイプだと思えば、少しハードルの高い仕事を任せたり、その働きを認めたりすることで、有用感をもたせた方がよいでしょう。

もちろん、「本人のやりたいこと」＝「本人のできること」ではありませんので、その見極めは大切です。日頃の仕事ぶりを見て、できることをしっかり把握しておくようにしましょう。

「本当にやりたいこと」は、年度末の校務分掌希望調査などでは出てきません。

価値ある情報は、雑談の中にこそあります。

ぜひ雑談で、若手の思いをつかみ、人材育成につなげていきましょう。

若手にわからないことを教えてもらう

自分よりもずっと年下の職員に、つい見栄を張ってしまうことはありませんか。

例えば、エクセルの計算式の入れ方がわからず困っているときに、

「先生、教えましょうか？」

と声をかけてもらったのに、

「大丈夫。わかるから」

などと断り、結果的にかなりの時間がかかってしまった、といったことです。

コンピュータ関係のことは、まだすんなりと聞くことができる人が多いかもしれませんが、授業のことはどうでしょうか。

隣のクラスの若い担任が、なにやら楽しそうに歴史の授業をしていた。子どもたちは集中し、活発に意見を交わしています。

そんな授業を目撃したとき、

「先生、なんだかおもしろそうな授業をしていたね。どんな授業だったんですか？」

と聞くことができますか。

もし、「授業のことを若手に聞くのは恥ずかしい」などと思っているのなら、**そんな小さなプライドは捨ててしまいましょう。**


「賢人は愚者に学び、愚者は賢人に学ばず。」


という言葉があるように、偉大な人ほどだれからも謙虚に学ぶ姿勢を忘れないものなのです（実際、今まで私がお付き合いさせていただいてきたすばらしい先生方は、何歳になっても謙虚に、若手からも学び続けています）。

授業のことをどんどん聞けば、それだけで話が弾み、若者とのよい関係がつくれるでしょう。若手にしても、自分の実践に興味をもってもらえたことがうれしいでしょうし、そんな教育熱心なあなたを尊敬するでしょう。

さらに、教わったことを教室で実践して充実した授業ができれば、受け持ちの子どもたちも喜ぶでしょう。一石二鳥どころではありません。もちろん、授業に限らず、学級づくりや行事の運営、子どもとの接し方など、キラリと光るよさをもっている若手はたくさんいるものです。

私が教頭時代に、子どもとの関係づくりが非常にうまい先生がいました。子どもたちは、みんなその先生のことが大好きでした。

私は、どこにその秘密があるのだろうと思い、

「どうして先生のクラスの子どもたちは、先生のことをそんなに信頼しているのだろうか？」

と聞いてみました。

もちろん、その先生もすぐには答えられませんでした。そこで、

「子どもとの関係で、特に『これだけは』と、こだわっていることはある？」

と別の角度から質問しました。すると、

「子どもが話しかけてきたら、何かやっていても、いったんやめてしっかりと話を聞くようにしています」

とのことでした。

後日、その先生のクラスの子が、

「うちの先生はすごくよく話を聞いてくれる」

と言うのを耳にしました。なるほどな、大事なことを教わったなと、ちょっとした雑談が大きな学びになりました。


こうやって、若手からでも貪欲に学んでいく姿勢は、その若手とのコミュニケーションにプラスとなるだけでなく、

あなたをワンランク上の教師に引き上げてくれます。

くれぐれも、

「それは知ってるよ」

などと偉そうにしてはいけません。

謙虚に教わるようにしましょう。

先輩には雑談の中で間接的に指導する

先輩教師は尊敬すべき方が多いでしょうが、中にはちょっと対応に困るという方もいます。かと言って、年下の自分が直接的に指導しては角が立つ場合もあります。

そんなときは、**雑談の中でその先輩に改めてほしいことを伝える**とよいでしょう。

例えば、あるときこんなことがありました。

学年主任のA先生は年配の男性。初任者のB先生と同学年を組んでいました。

B先生は学級経営で悩んでいるのに、A先生はあまりかかわっていないようでした。そこで、私はA先生にこう話しかけました。

「初任のB先生、最近どうですか？　問題なくやっていますか？」

「なんだか言うことを聞かない子が一人いて、その子に手こずっているみたいですよ」

「そうなんですか。さすがA先生、学年のことをよく把握されていますね。その子への指導も一緒にやっていただいているのですね。ありがとうございます」

というように、雑談の中に、伝えたいことを入れていきました。

A先生は、その子への指導を本当はしていないのですが、**あえてやっているという前提で、感謝も伝えました**。こうなっては、A先生としても動かざるを得ないでしょう。

もしこのとき、10歳以上も年下の私がA先生を呼び出して、指導的に話をしたらどうだったでしょう。その場では、すみませんと頭を下げたかもしれませんが、前向きにB先生の学級にかかわろうとは思わなかったのではないでしょうか。

もちろん、B先生の学級が切羽詰まった状態であったならば、直接私がその学級に入って事態の収拾を図ったかもしれません。

ですが、そこまでの状態ではなかったので、自然に学年内でのフォローができるようにと仕組んでいったのです。

先輩には、直接的ではなく、間接的に指導する方が物事がスムーズに進みます。

直接指導するのは最後の手段と心得ましょう。

先輩には優越感をもたせる

早稲田大学の河村茂雄先生によれば、中堅ベテラン期には、次のような四つのタイプが見られるそうです。

「

・権力的な教師（出世思考が強かったり、子どもに対して権力的だったりする）
・ひたすらこつこつ頑張る教師
・割り切っている教師
・マイベストで教職に取り組んでいる教師

（『教師力　教師として今を生きるヒント　上』p99～p102、2003年、誠信書房）

」

「マイベストで取り組んでいる教師とは、若いころのようにはできないことを自覚し、経験から身につけた技術を使い、若い先生とチームワークをとりながら実践に取り組んでいるような方です。こういう方とは雑談も自然とできるでしょう。

あなたが若くしてリーダーになった場合、**特に気をつけなければならないのは、「割り切っている教師」**です。「できることだけやればいい」「与えられた最低限の仕事をやっていればいい」など、仕事を経済的糧を得る手段としてドライに考えているタイプです。

そういうタイプの先輩教師の心中には、**年下のリーダーであるあなたへの複雑な思いが交錯していることを忘れてはいけません。**

割り切っている教師には、かつては出世思考だったのに、それが思うようにならず、他の教師に対して批判的な方も多いのです。

ですから、少し指導的な話をすると、

「おまえも偉くなったもんだなぁ」

と返されるようなことがあります。

こうした方には、**まずは相手に優越感をもたせるようにして、少しでも打ち解けるような関係づくりに尽力したい**ものです。

本当はその人だって、意味のある人生を過ごしたい、価値ある仕事をしたいと思っているはずなのです。それが思うようにならないことにいらだってもいるでしょう。

そういう方に高圧的に話をしても、反発が返ってくるだけです。


では、優越感をもってもらうために大切なことはなんでしょうか。

一番簡単なのが、**自分からあいさつすると**いうことです。たとえ自分の方が役職が上でも、自分からあいさつしましょう。相手があいさつしてくるのを待っていてはいけません。あいさつは先手必勝なのです。

ポイントはもう一つあって、それは、**あいさつに必ず相手の名前も添える**ということです。名前を呼ぶというのは、「尊重しています」「重要視しています」と伝えるための必須の行為なのです。

例えば、なじみのお店に行ったときに、

「いらっしゃいませ。いつもありがとうございます」

と言われた場合と、

「いらっしゃいませ。瀧澤さん、いつもありがとうございます」

と言われた場合、どちらが大切にされていると感じるでしょうか。

ですから、

「○○先生、おはようございます」

このようにさわやかにあいさつしてみましょう。それだけで、あなたは謙虚なリーダーであり、自分のことを大切にしてくれていると思ってもらえるでしょう。

そのうえで、一言二言雑談を交わします。その際も、

「心中の思いを察しながら謙虚に話をすれば、その気持ちは伝わるものです。」


また、あいさつは朝だけに限りません。その先輩が何か作業をしていれば、

「○○先生、お疲れ様です。何をされているのですか？」

と声をかけます。

こうして何かと声をかけてくるあなたに対して、批判的な気持ちを持ち続けることは難しいものです。

ベテランの支持を受けるようにするのも、リーダーとして大切な仕事です。

先輩には積極的に相談する

年下のリーダーが先輩と付き合うには、相手に優越感をもってもらうことが大切です。

その一方法として、前項ではあいさつについて触れましたが、ここでは「相談」を活用する方法について述べます。

まず、前提として押さえておくべきは、**仕事上は自分が上司でも、人生ではあちらが先輩なのだということ**です。

そのうえで、先輩にあれこれと相談してみましょう。

例えばあるときに、子育てが終わっている先輩に、このように聞いてみました。

「うちの子ども、高校生なのにまったく勉強しないいんですよ。やっぱり塾に入れた方がいいんでしょうか？」

すると、自分の家庭を例に、いろいろ教えてもらうことができました。

また、別の職員には、

「人間ドックって受けたことがないんですが、先生はどうですか？　やはり受けた方がいいでしょうか？」

と相談してみました。

すると、おすすめの病院を教えてもらうことができました。もちろん、後日、人間ドックの報告がてら、お礼を言うことも忘れません。

このように、相談することで相手は、**「頼りにされている、役に立っている」という優越感**をもちます。また。相談してくるあなたに対しての好感度もアップするはずです。

もちろん、仕事上のことで相談するのが一番です。

ですが、なかなかそれが難しい相手もいます。

そういった相手には、仕事のことと限定せず、

「普段の何気ない雑談で得た情報を基に相談内容を決めましょう。」

日常的な雑談が大切なことが、ここからもわかりますね。

リーダー同士の雑談を大切にする

他のリーダーと雑談しよう

学校は数人の管理職と、一般の教職員で構成されています。しかし、実際には一般職員と言っても、いくつかの層があります。

本書で意識してきたのは、管理職を含めたリーダー層が、どのように若手や先輩と付き合っていくかということです。これはいわば、「縦のコミュニケーション」です。

しかし忘れてはいけないのは、**リーダー層同士の「横のコミュニケーション」**です。

あなたがもし学年主任ならば、他の学年主任とコミュニケーションをとっていますか。研究主任や生徒指導主任とはどうでしょうか。

打ち合わせや会議では、コミュニケーションをとっているかもしれません。ですが、日常的な、ちょっとした雑談はどうでしょうか。ここまでも述べてきましたが、小まめな雑談を行う方が互いに親近感が増しますし、本音も出てきやすいのです。

ですから、これまで以上に、同じリーダー層との雑談を意図的に行っていくことをおすすめします。

そのためには、**他のリーダーが何をしているのか興味をもち、やっていることについて質問してみるとよい**でしょう。

例えば、あるとき隣接学年の主任がなにやら熱心にパソコンに向かって作業していました。

「先生、何やっているんですか？」

「学年会通信を書いてるのよ」

「学年通信ではなく、学年会通信ですか…」

保護者向けに学年の様子を伝える学年通信は私もよく書いていましたが、「学年会通信」というのは聞いたことがありませんでした。

そこで、もう少し質問してみると、同学年の先生方に、今週の予定や、やっておくべきことなどを通信として示しているとのことでした。これをやることで、学年の仕事をしっかりとつかめ、学年での打ち合わせも短時間で済むというメリットがあることを教えてもらいました。私も早速真似をして、学年会通信に取り組むことにしました。

その学年主任が、こうした質問に快く答え、やり方を詳しく教えてくれたのは、実は普段からよく雑談し、気心が知れた仲だったからだと思います。

悩みも分かち合う

仕事上の情報交換だけでなく、悩みを聞いてもらうのもよいでしょう。

リーダーにはリーダーにしかわからない悩みや孤独感があるからです。話をしてみると、案外同じ悩みを抱えていることに気づくでしょう。そして、自分だけが悩んでいるのではないとわかり、少し気が楽になります。

とは言っても、いきなり悩みを話し出しても相手は困惑してしまいます。まずは、その学年のことを聞いてみましょう。

「先生の学年、落ち着いていますか?」

こんなふうに日常のことを聞きながら、情報交換をします。そして、その話の中で、自分が困っていることを少し話すとよいのです。

「ところで、若い先生にどうアドバイスしたらよいのか悩むときがあるのですが、先生は何か工夫していますか?」

「実は私も悩んでいるのよ。というのも…」

というように、悩みが共通のものであるとわかれば、その後お互いに助け合おうという気持ちになるでしょう。この場合気をつけたいのは、

「愚痴を言うのではなく相談する」

ということです。

不満を口にするのではなく、解決法を考えるのです。

愚痴を言っても状況は変わりません。

「これからどうするのか」ということがリーダーには大切だからです。

職員の陰口は禁物

職員への不満を口にしない

リーダー同士の雑談で注意したいのが、つい職員への不満を口にしてしまいがちだということです。多少の不満を伝え合うのは、気晴らしによいかもしれませんが、それが**単なる陰口に発展してしまう場合もあります。**

例えば、

「隣のC先生、もう少し危機感をもってくれるといいんだけど」

と、学級運営のうまくいっていない先生のことを、別の学年の主任に相談する程度ならばまだよいのですが、

「C先生は、いつも自分が正しいと考えていて、言うこと聞かないんだよね。だいたい、

いつも…」

と、C先生を一方的に悪者にするような言い方になってしまうと、不満というより単なる陰口になってきます。

気持ちはわかりますが、**学校のリーダーとしてそれなりの品位をもって仕事にあたりたい**ものです。

それに、陰口がはびこる職場というのは、雰囲気が悪いものです。学級に置き換えてみるとわかりやすいですね。悪口、陰口ばかりの学級。そういう学級がよいという教師などいませんよね。

リーダー自ら学校の雰囲気を悪化させる言動は慎むべきでしょう。

どうしてもだれかに伝えたいならば、オブラートに包んで話すか、校外の友人に聞いてもらうようにしましょう。

陰口はかわす

一方で、他のリーダーがだれかの陰口を漏らしてきたときにも注意が必要です。

「そういうことを言うべきではない」と正論をかざしては、人間関係が悪化しますし、かと言って同調するとあなたも同類とみられてしまいます。最悪の場合、あなた自身が陰口の発信源にされてしまうことがあるかもしれません。

ですから、そういうときは、

気持ちには共感しつつ他の話題に話をすりかえる。

これが一番です。

「D先生って、本当にいつも話を聞いてないんだよね」

「そうなんですか。まじめな先生に見えますけどね」

「見かけはそうなんだけどねぇ。あんなんじゃ、学級だってうまくいくはずないよ」

「それは心配ですね。そう言えば、最近1年生の学級崩壊が増えているらしいですね。もっと構ってほしいという気持ちから、目立つ行動をする子が増えたそうですよ」

このように、まずは「そうなんですか」と一度は相手の話を受け入れます（あくまでも話の内容に理解を示すということです)。

それから、少しずつ話をずらしていくのです。この場合、1年生担任のD先生の学級がうまくいかないという話から、小学1年生の学級崩壊という話にもっていったのです。

このずらし方のコツは、「連想ゲーム」です。

「○○と言えば」

と話を転換していくのです。

これは、普段の雑談にも使えるテクニックで、話を広げるときに有効です。いつもの雑談の中で使いこなせるようにしておくとよいでしょう。

いずれにせよ、なんだか小学校の教室での出来事のようですが、残念ながら職員室でも同様のことが起きがちなのです。

リーダーになったらリーダーらしく振る舞う。

その意識をもちましょう。

放課後の教室に足を運ぶ

教室もしくは学年室にこもり、職員室にほとんど来ない職員がいませんか。

その方が効率的に仕事ができるのかしれませんが、まわりとのコミュニケーションが不足しがちなので、こちらが気を配っておく必要があります。

例えば、その人の能力の限界を超えた仕事が割り振られていて、その仕事をこなすには、教室にこもらざるを得ない状態なのかもしれません。その場合、早めのフォローが必要になってきます。

「仕事量が多くてやりきれません」

と自ら申告する人はなかなかいません。必死にその仕事に立ち向かい、無理をして、やがて燃え尽きてしまう。そういうことを未然に防ぐのです。

また、コミュニケーションがあまり得意ではなく、そのために教室にこもるタイプもいます。そういうタイプは、知らない間にいろいろなストレスをため込んでいることが多いものです。

いずれにせよ、教室にこもっていてコミュニケーションがとりづらいわけですから、**こちらから積極的にかかわりをもっていく必要があります**。

そこで、放課後に職員室を回るだけでなく、行動範囲を広げ、教室にも足を運ぶことをおすすめします。

管理職なら学校全体を隈なく、学年主任ならば同学年の教室を見て回ります。

こもりがちな職員が教室で作業をしていたら、

「何しているんですか？　手伝いましょうか？」

などと声をかけましょう。

もし心配したように仕事量が多過ぎるのであれば、仕事の割り振りを変えたり、提出期限を先に延ばしたりするなどの対応ができます。

また、その職員の意外な一面を知ったり、こだわりを理解できたりすることもあります。

そうした情報が**次の雑談につながったり、チームで仕事をする際に役立ったりします**。

いつも仕事のことばかり聞くと、相手は監視されていると感じるかもしれません。

そこで、たまには、お菓子などの差し入れに行くのもよいでしょう。

また、

「職員室でお茶でも飲みませんか？」

と誘うのもよいでしょう。

相手が、コミュニケーションがあまり得意ではない、物静かなタイプであったとしても、こうやって小まめに話をするうちに、リラックスして話ができるようになり、困っていることなどを相談してくれるようにもなります。

気になる子どもがいたら、すぐに家庭訪問をする。そういうフットワークの軽さが教師には大切だと思いますが、それは対職員であっても同じなのです。

第7章

苦手な人との雑談術

自分から声をかける

誰しも苦手なタイプの人がいるもので、そういう人とは距離を置きがちです。プライベートならそれでもよいのですが、仕事ではかかわりを避けて通れないことも多々あります。ましてや、リーダー的な立場になれば、**苦手な人を説得して協力してもらったり、指導したりしなければならないこともあります**。

では、どうすれば苦手意識が克服できるのでしょうか。

苦手な食べ物がある子どもへの指導で考えてみましょう。そういう子には、

「一口でいいから食べてみようか」

と声をかけませんか。

何度も一口食べるうちに、苦手な食べ物が食べられるようになると考えるからですよね。

苦手な人への対応も同じで、**何度も接触するうちにだんだんと慣れてくる**ものです。その

人のことを好きにはなれないかもしれませんが、慣れれば苦手意識は減ります。

ですから、接触回数を多くするようにすればよいのです。

その際おすすめしたいのが、

「安近短」を意識する

ということです。

苦手意識が先行すると、どうしても気が重くなり、何を話そうかと考えがちです。

そこで、気楽な他愛もない内容、気やすく話しかけられる話題で声をかけます。

例えば、

「F先生、おはようございます。今日も寒いですね」

と、これだけでよいのです。

苦手な先生を見かけたら、自分から**近**づき、気**安**く、**短**い言葉をかける。

これを何度も繰り返すだけです。ぜひ、苦手な人を見かけたら、心の中で「安近短」とつぶやいて、行動してみてください。２週間続ければ苦手意識が減少しているはずです。

なぜ苦手なのか言語化する

「学ぶ心さえあれば、万物すべてこれ我が師である」

こう言ったのは、パナソニック創業者の松下幸之助氏ですが、**苦手な人との雑談ほど多くのことを学ぶ機会はない**と思います。

職員にかぎらず、受け持ちの子どもの中にだって苦手なタイプはいるはずです。保護者の中にも苦手なタイプがいるでしょう。そうした相手にもしっかりと向き合っていく、その修業だと思えばよいのです。

そこで、前項での「安近短」で多少は話すことに慣れてきたら、なぜこの人が苦手なのかを分析してみましょう。「なんとなく」という状態を言語化するのです。

例えば、「断定的なものの言い方が苦手」「感情的になるのが嫌だ」など思いつくままで構いません。

こうやって、**言葉にできると人はその状況に冷静に対処できるようになってくるもの**です。モヤモヤした状態だからこそ、イライラが募るのです。

冷静にその原因を捉えたら、

「この人の、この断定的なものの言い方が苦手なんだよね」

と心の中でつぶやいてみましょう。

すると、それまでより気楽に相手とのコミュニケーションが図れるようになってきます。

さらに、「おっ、また出た！」と断定的な言い方が出るのを楽しめると、心にゆとりをもって相手と接することができます。

ここまでくれば、相手がどんな話だと心を開き、どんな話だと感情的になるのかなどもみえてきます。すると、話題のコントロールにも心を配れるようになるでしょう。

苦手な人を好きになる必要はないのです。

いざというときに協力できるように、仕事に支障が出ないようにするにはどうしたらよいのか。そのための戦略こそが、リーダーには求められます。

口が重い相手への対処法

話しかけても反応の乏しい人がいます。

自分が得意とするネタを披露しても、楽しそうではないし、静かにほほえむ程度です。

こういうことが何度かあると、なるべくその人を避けようとしてしまいがちです。

しかし、もしかしたら**アプローチの仕方が間違っている**のかもしれません。

例えば、その人は非常に人見知りなタイプなのに、あなたがいきなりいろいろと話しかけるので、どう反応したらよいのか戸惑っている可能性があります。

この人は人見知りタイプだなと思ったら、前項で紹介した、「安近短」で、**まずは距離感を縮めましょう**。心理的な距離が近くなってから得意のネタを披露すれば、まったく反応が違ってくるでしょう。

また、自分の得意な話が、その人にとってのストライクゾーンだとは限りません。今流行のお笑い芸人のことと絡めて学級の様子をおもしろく話したのに、その人はその芸人のことをほとんど知らなかったのかもしれません。

そこで、その人がどんな話題ならば食いつくのか、広く探っていく必要があります。

とは言っても、どんな話をしたらよいのかと悩むことも多いでしょう。そんなときには、よくビジネス書などにも載っている**「木戸に立てかけし衣食住」**が役に立ちます。

これは、会話が弾みやすい話題の頭文字を集めた言葉です。

き…「季節」　季節の行事や天気の話など

ど…「道楽」　趣味の話など

に…「ニュース」　時事問題、芸能ネタなど

た…「旅」　旅行した場所や行ってみたい場所など

て…「テレビ」　思い出のテレビ番組や最近見ているドラマなど

か…「家族・家庭」　これは人によっては避けた方がよい場合もあります

け…「健康」　病気の予防だけでなくダイエットなどの話題も

し…「仕事」　学校での雑談ですから、これが中心になります

衣…「服装」　身につけている服装についてなど
食…「食べ物」　好きな食べ物、苦手な食べ物、おすすめの店など
住…「住居」　住んでいる場所や出身地など

こうした話題を広く浅く、聞いていきます。

「先生、最近ハマっている食べ物ありますか?」

「いやぁ、特にないですね」

「テレビなんかは見ます?」

「最近忙しくて…」

こうやって二つ程度話題を振っても反応がなければ、そのときは話を切り上げてもよいでしょう。

何度か挑戦していると、手応えのある反応が返ってくるときがあります。

そこを逃さずに、詳しく聞いていきます。

「先生、海外旅行なんて行きますか?」

「実は私、台湾が好きで何度も行ってるんです」

「おっ、台湾ですか！　台湾のどこがいいんですか？」

「なんと言っても食べ物がおいしくて」

これは実際にあった会話なのですが、こうしてその先生が台湾が好きとわかってからは、その話題で場を温めてから本題に入るようになりました。

どちらかというと話しかけにくいタイプの方でしたが、それ以来、かなり和やかな雰囲気で話ができるようになりました。

このように、

広く浅く聞いていき、「当たり」だと思ったら、そこを深く聞いていく。

こうすれば、口の重い相手とも次第に話ができるようになっていきます。

いつまでもしゃべり続ける相手への対処法

話が弾むのは結構なことですが、いつまでも話し続けられるのも困りものです。

何事にもほどよい時間というものがありますが、そういう人にはあまりその意識がないのです。

と言っても、話を途中で遮るのも感じが悪いですね。

なんとか自然に話を終わらせることはできないものでしょうか。

まずは、話のちょっとした区切りで、

「まあ、いろいろありますね。ではまた」

と言ってその場を離れるようにしましょう。話がとりあえずひと段落して、**間ができる瞬間を逃してはいけません**。このことは、第2章の「サッと切り上げる」に詳しく書きましたので、そちらも参考にしてみてください。

しかしそんな間をつくることなく、マシンガントークが続く相手もいます。

そんな相手には、やや大きなアクションで腕時計を見て、

「おっ、こんな時間だ。まずい、電話しなければいけないところがあったんですよ。ではまた」

と言ってその場を離れます。

相手が話をしていても、**やや強引にかぶせるように言ってしまいます**。案外それでも角は立たないものです。

では、そんなスキさえ見いだせない難敵の場合はどうしたらよいでしょうか。

最終兵器である携帯電話を使う。

携帯電話をポケットに忍ばせておき、着信があったかのように取り出します。そして、

「電話が入ったので失礼しますね」

と言って、仮想の相手と会話しながらその場を離れてしまうのです。この方法はさすがに何度も使うわけにはいきませんが、話が長引いて困る場面全般で有効です。

雑談に乗ってこない相手への対処法

リーダーとしては、職場での雑談を大切にしていきたい。でも、いくら話しかけても、「はい」程度しか答えず反応に乏しい、話に乗ってこない職員がいる。そんな場合はどうしたらよいでしょうか。

もし、その職員が単に内向的で、雑談が苦手だというならば、本章の「口の重い相手への対処法」を試してください。

ここでは、雑談が苦手というわけではなく、雑談は無駄だと思っているタイプへの対処法を述べます。

こういうタイプの人は、合理的で効率性重視でしょう。時間の無駄づかいを嫌います。ですから、**用がないのに話しかけると迷惑がられます**。ましてや、

「雑談も時には大切なんだ」

などと説教しては、関係が悪化するだけです。

そこで、身もふたもない言い方になってしまいますが、**基本的には放っておきます。**

でも、こういうタイプの人は大抵プライドが高いので、いつも放っておくのもよくないのです。そこで、ときどきは、

「がんばってるね！」

「さすがだね！」

など、

「その仕事ぶりを認めるひと言をかけます。」

また、

「効率的にやるために、どんな工夫をしているの？」

などと自尊心をくすぐるような質問もしてみましょう。気分がよければ、それについて詳しく話してくれることもあります。**「つかずはなれず」**がコツと言えます。

相手にしゃべらせる

苦手な相手と雑談しようと思っても、特に共通の話題もなく、場がもたないということもあります。

そんなときは、できるだけ相手にしゃべってもらいましょう。相手にしゃべってもらった方が、こちらとしても気が楽です。また、よく話を聞いてくれるあなたへの好感度が増すでしょう。

相手にしゃべってもらう技術については、本書の中でもいろいろと述べてきました。中でも、第2章の「聞くことが中心で」と、第3章の①「質問の仕方を使い分ける」を組み合わせていくことが有効です。

例えば、オープンクエスチョンで相手の興味のある話題を探り、相手の話に対して同調したり相づちを打ったりして、話しやすくしていきます。

ここではさらに、「オウム返し」で相手を乗せていく方法について述べていきます。

「オウム返し」、つまり相手の話を繰り返すことで、「聞いていますよ」というメッセージが伝わり、相手は安心して話すことができます。教室で、子どもの相談を聞いているときなどは、自然とオウム返しをしている方も多いのではないでしょうか。

この方法は、もちろん雑談の場面でも有効です。

ただし、雑談においてのオウム返しは、**端的に短く繰り返すのがコツ**です。ダラダラと繰り返すと、会話のリズム、テンポが悪くなるからです。じっくりと話を聞く相談はテンポが速いと落ち着きませんが、雑談で軽い話題のときは、リズム、テンポが速い方が話が弾みます。

例えば、

「今度、百人一首の大会を学級でやろうと思っているんですよ」

「百人一首大会を学級でやろうと思っているんですか」

これでは、くどくてリズムが悪いです。

「今度、百人一首の大会を学級でやろうと思っているんですよ」

「百人一首大会ですか」

と、このように端的に繰り返すのです。

するとリズムよく話が進んでいきます。

その結果、

「そう、遊びながら百人一首を覚えられるというメリットがあるので」

「百人一首覚えるの大変ですからね」

と会話が続いていくでしょう。

このようにオウム返しを有効に使い、相手にどんどん話をしてもらいましょう。


「苦手な人のいろいろな話を聞くうちに、苦手意識が薄れることも多いのです。」

おわりに

私は，子どものころから口数の多い，要するにおしゃべりな子でした。

ですが，教師になって保護者と面談するときには，その口数の多さは役に立ちませんでした。

私的な場で馬鹿話をして人を笑わすことはできても，公的な場ではどう話したらよいのかがわからなかったのです。そのため，必要な情報を機械的に伝える，おもしろ味のない面談になってしまったのです。

これはなんとかしなくてはと思い，少しずつコミュニケーションについて考えていくようになりました。

また，比較的若い時期に教務主任，教頭を経験することになり，年配の方とのかかわりに気を配る必要に迫られました。同時に，教員の大量採用が始まり，どんどん世代交代が進んでいくようにもなりました。

本書でご紹介した雑談術は，こうした状況の中で私が実際に行ってきたものです。

また，これまで無意識にやっていたことを言語化したものもあります。

おもしろいことに，そうやって言語化することで，雑談をより意識して仕事ができるようになり，いくつかの物事がスムーズに進みました。

本文の中にも書きましたが，「見ていても見えない」ということはよくあります。普段は気がつかず通り過ぎるラーメン店なのに，空腹なときは遠くからでもその店が見えるものです。

雑談は日常に溢れていますが，本書で示した視点で，再度雑談を意識することで，また景色が違って見えるはずです。そうして見えた景色が，新たなあなたをつくり出してくれるでしょう。


明治図書の矢口郁雄さんには，本書の企画段階から執筆に至るまで大変お世話になりました。矢口さんの企画により，「雑談」という側面から自分の仕事を再認識する貴重な機会を得ることができました。本当にありがとうございました。

そして最後までお読みくださったみなさん，書物を通してとは言え，少しでもみなさんとコミュニケーションがはかれたならば，筆者としては大変うれしいことです。みなさんの職場が，「雑談」によって温かく風通しのよいものとなることを願っています。

2019年１月

瀧澤　真

【著者紹介】
瀧澤　真（たきざわ　まこと）
埼玉県生まれ。
前千葉県袖ケ浦市立蔵波小学校教頭。
木更津国語教育研究会代表。日本国語教育学会会員。

単著
『国語の授業がもっとうまくなる50の技』（明治図書），『まわりの先生から「あれっ，授業うまくなったね」と言われる本。』『まわりの先生から「おっ！　クラスまとまったね」と言われる本。』『まわりの先生から「すごい！　残業しないのに，仕事できるね」と言われる本。』『まわりの先生から「むむっ！　授業の腕，プロ級になったね」と言われる本。』『職員室がつらくなったら読む本。』（以上，学陽書房）
共著
『書く力をつける一文マスターカード　低学年・中学年・高学年』『子どもを動かす国語科授業の技術20＋α』『作文力を鍛える新「作文ワーク」小学６年・中学校』（以上，明治図書），『10の力を育てる出版学習』（さくら社）など

スクールリーダーの雑談術
職員室の風通しがよくなるインフォーマル・コミュニケーション

2019年２月初版第１刷刊　©著　者　瀧　澤　真
発行者　藤　原　光　政
発行所　明治図書出版株式会社
http://www.meijitosho.co.jp
（企画）矢口郁雄（校正）大内奈々子
〒114-0023　東京都北区滝野川7-46-1
振替00160-5-151318　電話03(5907)6701
ご注文窓口　電話03(5907)6668
＊検印省略　組版所　株　式　会　社　カ　シ　ヨ

Printed in Japan　ISBN978-4-18-131515-3